SERÁ!

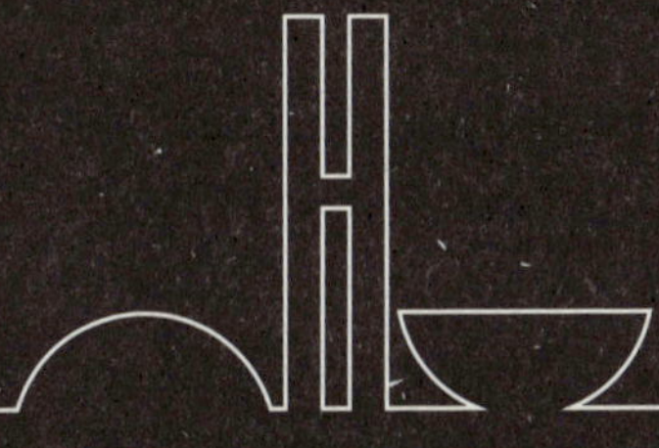

Direção editorial: **Bruno Thys** e **Luiz André Alzer**
Capa, projeto gráfico e diagramação: **Bruno Drummond | Bloco Narrativo**
Fotos: **Mauricio Valladares**
Pesquisa: **Xanda Lemos**
Revisão: **Camilla Mota**

Dados Internacionais de Catalogação na Publicação (CIP)
(eDOC BRASIL, Belo Horizonte/MG)

Rondeau, José Emilio.
R771s Será! Crises, genialidade e um som poderoso: os bastidores da gravação do primeiro disco da Legião Urbana contados por seu produtor / José Emilio Rondeau. – Rio de Janeiro, RJ: Máquina de Livros, 2025.
112 p. : foto. ; 16 x 20 cm

ISBN 978-65-86339-37-6

1. Rock – Brasil – História e crítica. 2. Legião Urbana (Conjunto Musical). Será!. I. Título.
CDD 782.421660981

Elaborado por Maurício Amormino Júnior – CRB6/2422

Grafia atualizada segundo o Acordo Ortográfica da Língua Portuguesa de 1990, em vigor no Brasil desde 2009.

1ª edição, 2025

Rua Francisco Serrador 90 / 902, Centro, Rio de Janeiro/RJ – CEP 20031-060
www.maquinadelivros.com.br
contato@maquinadelivros.com.br

JOSÉ EMILIO RONDEAU

SERÁ!

CRISES, GENIALIDADE E UM SOM PODEROSO: OS BASTIDORES DA GRAVAÇÃO DO PRIMEIRO DISCO DA LEGIÃO URBANA CONTADOS POR SEU PRODUTOR

Fotos de Mauricio Valladares

máquina de livros

Para Cristiane, que nunca me deixa desistir.

ÍNDICE

APRESENTAÇÃO
JOÃO BARONE

Em se tratando da história da Legião Urbana, a maior banda do rock brasileiro, sempre haverá espaço para a narrativa de fatos e acontecimentos que se sucederam até que atingisse essa unanimidade vinda do meio musical, da crítica especializada e, mais do que tudo, do grande público.

Foi naquele longínquo 1984 que Os Paralamas do Sucesso – uma banda carioca espertamente travestida de brasiliense – receberam carinhosamente a alcunha de "padrinhos da Legião", vinda do próprio Renato Russo, depois que Herbert colocou uma fita cassete sobre a mesa do então diretor artístico da EMI-Odeon, Jorge Davidson, impositivamente alertando para "não perderem essa banda".

Não demorou e, por outras vias próximas, ela chegou às mãos do jornalista e diretor de TV José Emilio Rondeau, que praticamente se convidou para gerir e arrumar o caos que se apresentava com a chegada daqueles punks brasilienses no estúdio da gravadora.

Será isso que todos, deliciosamente, descobrirão neste livro, tanto os fãs da banda quanto qualquer um que se interesse pelo surgimento da contundente geração que mudou a cena da música brasileira para sempre.

João Barone
Baterista dos Paralamas do Sucesso

OUÇA NO VOLUME MÁXIMO

Scotch
60
DYNARANGE
CASSETTE
Scotch
Dynarange
EQ 120 µs
Bias Fe Normal
60
2 × 30 min
A. O REGGAE . 1977 . DEPOIS DO COMEÇO . TEOREMA .
PETRÓLEO DO FUTURO* . CONEXÃO AMAZÔNICA* . A DANÇA .
FÁBRICA . AINDA É CEDO . PERDIDOS NO ESPAÇO .
GERAÇÃO COCA-COLA
B SOLDADOS . SERÁ
Todas as músicas Villa-Lobos/Russo/Bonfá
Gravado ao vivo 1983/84 com exceção de *
EM 8 CANAIS
© 1984. All Rights Reserved. Legião Urbana.
Legião Urbana
Scotch
3M

PARTE I

DUAS FITAS E DOIS ESTILOS

AFINAL, O QUE É A LEGIÃO URBANA?

Toda história tem um começo. E, para cada pessoa, uma mesma história compartilhada tem um começo diferente. Para não falar do meio e do fim. Mas aí já é outra história, ou outra parte dela, e logo chegaremos lá. Esta começa em algum momento de 1984, com uma fita cassete Scotch Dynarange já com certa quilometragem, que ilustra a página aí ao lado.

A fita cassete vinha de Brasília e havia passado por muitas mãos até chegar às do então fanzineiro Tom Leão, que a depositou nas minhas, no Rio de Janeiro. Nela estavam 13 músicas. As anotações em caneta esferográfica preta creditavam todas a Villa-Lobos/ Russo/ Bonfá, nessa ordem. A maioria tinha sido gravada ao vivo, entre 1983 e 1984. Exceto duas, registradas num estúdio de oito canais, detalhe ostentado com orgulho.

Um pequeno desenho reproduzia o perfil do Congresso. Do outro lado da embalagem, o aviso recomendava (ou melhor, gritava, em maiúsculo): "PLAY IT LOUD". AUMENTA O SOM! Na lombada, vinha a autoria da gravação: Legião Urbana.

Treze músicas numa fita cassete. Foi o que bastou para saber que a história do rock brasileiro estava para mudar.

Ao ter notícia de que o grupo de Brasília havia sido contratado pela gravadora EMI-Odeon, decidi que eu precisava fazer parte daquele momento. Como? Produzindo o disco de estreia de uma banda que era tão diferente de tudo que existia nas rádios, nas lojas de discos, nos palcos e na imprensa.

Um grupo que, se não estava 100% pronto – esse era um dos atrativos, um trabalho claramente em evolução, e que se havia chegado até ali com aquela qualidade, imagine o que estaria por vir –, prometia possibilidades e caminhos até então inexistentes no Brasil: um pop e um rock com sonoridade mais alinhada ao que se praticava no pós-punk europeu, mas focados em temas de seu país, com letras contundentes, matadoras, de imediata assimilação. Músicas executadas com sangue nos olhos e cantadas com veemência e verdade. Ainda cruas, em muitos aspectos, as canções podiam ser aprimoradas. Mas ali estavam as sementes para uma potencial revolução. Eu aderi, de bate-pronto.

Apesar de uma vida profissional inteira dedicada ao jornalismo musical e, a partir de certo ponto, a videoclipes, minha experiência prévia para o posto de produtor de discos era quase nula. Resumia-se a uma única – embora muito divertida – aventura na realização do álbum de estreia do grupo baiano de punk Camisa de Vênus, gravado nos estúdios RCA, em São Paulo, em 1983, no decorrer de alguns poucos dias.

Julho de 1984

- Menudo faz turnê pelo Brasil.
- Blitz se apresenta no Sambódromo para 40 mil pessoas.
- O punk explode nos pampas com Os Replicantes e a cena musical gaúcha começa a chamar a atenção.

Mas a convicção cega de que teria como contribuir para a gestação de um primeiro álbum daquele grupo tão novo e tão diferente, somada à arrogância abençoada da juventude, me levou a marcar imediatamente uma reunião com Jorge Davidson, diretor artístico da gravadora que havia contratado a Legião.

Conhecia Jorge de bastante tempo, desde que ele fora gerente internacional da EMI-Odeon, e havia ali um relacionamento profissional que me permitia (ou assim eu me fiz crer) a petulância de postular o cargo de produtor do primeiro disco do grupo. Um compacto, um EP, um LP, o que fosse, eu queria estar dentro.

Jorge havia crescido muito na gravadora, após ter trazido dois artistas novos que transfiguraram o cenário pop-rock: Blitz e Os

Paralamas do Sucesso. Impulsionado pelos bons ventos das duas contratações enormemente populares (sendo que a Blitz tornou-se um fenômeno cultural), Jorge teve cacife de sobra para bancar a chegada da Legião Urbana a seu elenco.

Sem muito rodeio, ele topou minha proposta. Eu seria o produtor do LP de estreia da Legião Urbana. Negócio fechado. Pareceu fácil demais! Mas havia razão para uma decisão tão rápida.

Até então, eu desconhecia o passado imediato da relação do grupo com a EMI-Odeon. Estava por fora dos bastidores tumultuados de não uma, mas duas tentativas prévias de se gravar a Legião. Ambas tiros n'água, contenciosas, abortadas diante da incompatibilidade musical e artística entre os produtores escalados – dois craques, Marcelo Sussekind e Rick Ferreira – e o grupo.

A gravadora já estava com a guarda alta – e a Legião, irritada. Jorge precisava de uma solução para desarmar uma potencial bomba-relógio. E aquele jornalista/videoclipeiro cheio de vontade de acertar pode ter parecido ser uma saída para o impasse.

- A sucessão presidencial já tem os dois candidatos definidos: Paulo Maluf, apoiado pelos militares, e Tancredo Neves, de oposição.
- O presidente João Figueiredo se encontra com Tancredo para adverti-lo de uma possível esquerdização do país, caso o mineiro ganhe as eleições.

Os meses que se seguiram passaram rápido, mas foram intensos para todos os envolvidos: a Legião, o técnico Amaro Moço – escalado para burilar o som do disco –, Mayrton Bahia, o diretor de produção que já havia impedido um rompimento entre os artistas e a gravadora, e eu, chamado de produtor-executivo na capa do álbum, mas, cá entre nós, mais um animador de torcida, palpiteiro e testemunha ocular da história do rock brasileiro, assistindo de camarote à conjuração de tantos milagres sonoros, artísticos e musicais no decorrer da gravação do disco.

Foram manhãs, tardes, noites e madrugadas de muito trabalho, suor, tensão, frustração e êxtase entre os estúdios 1 (o maior) e 2 (o menor), garimpando, extraindo, selecionando e organizando os elementos que resultariam no álbum *Legião Urbana*, o cartão de visitas do grupo para o Brasil.

Aqui vamos tentar resgatar a história da gravação daquele disco, realizada de julho a novembro de 1984. Para ajudar a municiar esse relato, no segundo semestre de 2024 e no primeiro de 2025 entrevistei o guitarrista Dado Villa-Lobos e o baterista Marcelo Bonfá – os dois remanescentes da formação da Legião Urbana que gravou o disco de estreia do grupo –, além de Fernanda Villa-Lobos, sua empresária, Mayrton Bahia, então diretor de produção da EMI-Odeon, e Amaro Moço, o técnico de som escalado para trabalhar conosco.

Livros mais vendidos em julho de 1984

- "O quarto protocolo", de Frederick Forsyth
- "Complexo de Cinderela", de C. Dowling
- "Feliz ano velho", de Marcelo Rubens Paiva
- "Pra cima com a viga, moçada", de J. D. Salinger
- " Dieta de Beverly Hills", de Judy Mazel

Como avisado lá atrás, cada pessoa entrevistada para este livro lembra de maneira diferente de uma mesma história compartilhada.

Ninguém lembra de tudo. Nem todo mundo se recorda de um mesmo incidente com os mesmos detalhes. Muitas vezes, surgem versões contraditórias. Afinal, se passaram 40 anos, e o espaço na memória de cada um é hoje muito mais fragmentado e disputado do que naquela época.

Mas todos estavam lá. Que bicho vai dar?

Dado troca a corda da guitarra no estúdio: a Legião não se entendeu com os dois primeiros produtores

AUMENTA O SOM!

UMA BOMBA-RELÓGIO PRESTES A EXPLODIR

O caminho que levou Jorge Davidson à Legião Urbana – ou ela a ele – passou pela mesma fita demo através da qual conheci o grupo, sendo que Jorge recebeu a gravação de Herbert Vianna. Mas houve uma segunda fita cassete entregue ao diretor artístico da EMI-Odeon, atribuída a um Trovador Solitário, para enriquecer o caldo e embaralhar as cartas.

Naquela fita, gravada em algum momento do início dos anos 1980, Renato Russo, sozinho – utilizando seu sobrenome não artístico, Manfredini –, acompanhando-se ao violão, interpretava parte do que viria a compor o repertório da Legião: músicas como *Dado viciado, Eduardo e Mônica, Faroeste caboclo, Geração Coca-Cola*. Só que em estilo folk, de trovador. Mais para Bob Dylan do que para punk-rock. E isso fez a história complicar um bocado.

"Jorge Davidson tinha me dado a demo do Trovador Solitário. E ela era creditada a Renato Manfredini", lembra agora Mayrton Bahia. "Se não me engano, já estavam lá algumas músicas que viriam a ser gravadas mais tarde, em outros discos. E eu achei incrível, bem diferente de tudo. Depois, soube que havia uma banda, mas num primeiro momento eu ouvi só Renato e o violão. Falei: 'Vale a pena trazer esse cara, seja banda, seja só voz e violão'".

O impacto de Renato Russo sobre Mayrton foi imediato – e marcante. "Ele tinha de diferente a letra e a maneira de cantar", enfatiza. "Renato cantava com credibilidade. Não era apenas uma letra boa, bem-feita. Você acreditava que ele acreditava no que estava dizendo".

O álbum "Thriller", de Michael Jackson, supera recordes de vendas de Elvis Presley e Julio Iglesias, e ganha oito prêmios Grammy, entrando para o "Guinness book" de 1984.

Mayrton destaca que Renato tinha o diferencial dos grandes intérpretes. "Ele não está ali cantando e mostrando seus dotes vocais, seus recursos, sua técnica. Está ali falando coisas que você tem necessidade de dizer e só consegue dizer quando canta. Vi isso de cara. Foi o que pautou todo o trabalho com eles".

Essas questões diziam respeito a Renato Russo. Mas havia ali também uma banda. Como lidar com esse detalhe? E como a banda lidaria com essa impressão do enorme destaque de Renato naquela equação? "Eu acho que o Jorge *(Davidson)* tinha já uma ideia do que imaginava para o Renato. Não para nós, mas para o Renato", pondera Marcelo Bonfá, baterista da Legião Urbana, ao relembrar aquele período. "Só que ele teve que engolir mais dois *(risos)*. E dois moleques: eu e o Dado".

De fato, contratou-se a banda e partiu-se para o garimpo do que aqueles rapazes eram capazes de fazer no estúdio, algo que confirmasse ou até superasse a expectativa criada em Jorge por Renato e pelo diretor artístico junto à gravadora.

Na esperança de conseguir extrair dos novos artistas um compacto – aquelas duas faixas de um pequeno disco de vinil, que com o passar do tempo começou a ser conhecido aqui também pela denominação em inglês, *single* –, a EMI-Odeon convidou a Legião para passar uma temporada no Rio de Janeiro, em dezembro de 1983.

Vanessa Williams, de 20 anos, é a primeira negra eleita Miss Estados Unidos. Mas é forçada a devolver a coroa após a publicação de um ensaio em que posava nua com outra mulher para a revista erótica "Penthouse".

O plano era, primeiro, gravar uma demo-teste com *Geração Coca-Cola, A dança* e *Ainda é cedo*, três músicas que já estavam praticamente prontas. Chamou-se para produzir o trabalho Marcelo Sussekind, então guitarrista do grupo pop Herva Doce, que tinha feito sucesso, como contratado da própria EMI-Odeon, com a música *Ganhei um avião* e abrindo os shows do Van Halen no Brasil. Marcelo chegava ainda mais valorizado pela produção do segundo álbum dos Paralamas, *O passo do Lui*. "O Marcelo era a escolha natural, supercompetente", argumenta Mayrton.

No entanto, foi incompatibilidade à primeira vista – ou à primeira audição. "Ele não sacou o que era a Legião", avalia hoje Dado Villa-Lobos, guitarrista do grupo, lembrando os dias passados com Marcelo Sussekind nos estúdios na Rua Mena Barreto, em Botafogo, bairro da Zona Sul carioca. "E a gente tentou fazer coisas como tirar a guitarra, fazer uma versão de *Geração Coca-Cola* tipo *All cats are grey*, do The Cure. Ficou surreal".

Um pouco dessas primeiras sessões de gravação na EMI-Odeon chegou ao público quando saiu a edição comemorativa de 30 anos do primeiro disco da Legião, e ali ouve-se uma banda devidamente produzida, mas dura, jogando na retranca, na defensiva – e sem muita convicção.

"Eles eram uma banda com um punk, digamos, não tão radical, mas eram punk", diz Mayrton, ao explicar a raiz do conflito entre a Legião e seu primeiro produtor: "Eles não tinham conhecimento musical, uma *expertise* para atender uma demanda da produção, do tipo 'toca desse jeito, vamos fazer assim, fazer assado'. Eles queriam fazer o som deles, básico, punk, do jeito que se sentiam seguros. E isso acabava resultando numa postura radical, de não querer abrir mão porque não sabiam fazer de outro jeito! E aí, quando entrou um cara com muitos recursos, propondo outras coisas, eles reagiram: 'Por que, então, a gente vai mudar? A gente não sabe nem como mudar'. Eles não aceitaram as propostas sugeridas. E o Marcelo desistiu, preferiu jogar a toalha".

Sucessos nas rádios em julho de 1984

- "Como eu quero" (Kid Abelha)
- "Me chama" (Lobão e Os Ronaldos)
- "Dancing in the dark" (Bruce Springsteen)
- "Deixa eu te amar" (Agepê)
- "Vereda tropical" (Ney Matogrosso)
- "Time after time" (Cyndi Lauper)

"A gente não conseguiu ter a sintonia certa", diz Dado. "Acho que as pessoas não estavam entendendo direito o que seria aquele grupo. Daí, ele virou pro Jorge Davidson e disse: 'Esses caras são ruins demais. Não estou entendendo e não sou o cara para fazer isso'".

A situação, que já era volátil quando Sussekind foi embora, piorou ainda mais com a chegada de um segundo produtor. "Jorge chamou Rick Ferreira, que havia tocado guitarra, violão e piano em todos os discos de Raul Seixas. Ele era um cara do country. Também não deu liga", é o veredito de Dado.

Para engrossar o caldo, Jorge Davidson adicionou um ingrediente ainda mais divisivo. Quis sublinhar o elemento country trazido por Rick (um às da *pedal steel guitar*, instrumento clássico do gênero) ao sugerir como referência para as gravações os violões tão presentes no som de outro contratado da EMI-Odeon: Bob Seger, roqueiro raiz americano dos anos 1960, que duas décadas mais tarde passaria a dar uma orientação mais country-rock a seus discos.

A Globo, a Censura e produtores de cinema do país chegam a um acordo para apresentar filmes brasileiros na TV, como "Dona Flor" e "Bye bye Brasil". Eles seriam exibidos numa nova atração da emissora, o "Festival nacional".

Estaria realmente sendo considerada uma versão country-rock da Legião? Dificilmente. Pode-se imaginar, no entanto, que Jorge pensou em encontrar alguma maneira de misturar o aspecto sanguíneo das músicas e da interpretação feroz do grupo – legitimamente punk – com a suavidade do violão do Trovador para tornar mais palatável uma sonoridade que, em seu estado puro, talvez fosse abrasiva demais para o grande público.

Faria sentido, de certa forma, pois todas aquelas características vinham de um mesmo compositor, músico e *frontman*. Tudo era representativo de Renato Russo. Obteria, assim, uma versão mais *mainstream* da Legião, mais acessível, mais pop. Só que a ideia não caiu bem junto ao grupo.

Mayrton compreendeu o raciocínio do diretor artístico. E lembra que, numa daquelas trapaças do destino, o violão – vilão naquele início – acabaria tornando-se indissociável de toda a discografia da Legião. "Havia lá na fita do Trovador Solitário uma vertente muito acústica nas músicas. E foi assim até o fim, a gente sempre manteve os violões, sempre", enfatiza ele, que continuaria trabalhando com a banda por mais oito anos. "Até os últimos discos da Legião que eu produzi, encarávamos com muita seriedade as levadas de violão, porque era ali que estava a energia, a pulsação da banda. Eu sempre falei: com a Legião, os discos eram tremendamente acústicos".

Nasce em 7 de outubro de 1984, em São José dos Pinhais, no Paraná, Anna Paula Caldeira, o primeiro bebê de proveta do Brasil e da América Latina.

Nesse ponto, segundo Mayrton, Rick Ferreira era o produtor perfeito: um excelente guitarrista, com toda uma história de tocar no mercado. "Talvez tenha surgido assim a ideia de elaborar o som mais para o lado country, de ir para a coisa dos violões, pensando mais naquele Trovador Solitário. Só que, naquele momento, a banda já estava com uma pegada punk, era outra coisa".

Dado chega a rir quando revisita na memória aquele episódio. "Jorge Davidson chamou a gente na sala dele e falou: 'Olha só, galera, o que eu quero de vocês é isso aqui'. Pegou um disco do Bob Seger e botou para tocar. Eu, com 18 anos de idade, pensei: 'Cara, tá brincando'. Era aquela coisa americana. Falei: 'Pô, mas não é por aí'. Nisso eu já vi que a parada ia desandar".

> Joaquim Cruz conquista o ouro olímpico em Los Angeles, nos 800 metros rasos. A seleção masculina de vôlei fica em segundo lugar e surge a Geração de Prata.

Reação semelhante teve Marcelo Bonfá, para quem era inimaginável tentar desviar a Legião de sua rota original. "Cara, a verdade é que eles queriam fazer uma versão country da gente. Tornar a Legião um Bob Seger da vida. Só que não deu certo. A gente não sabia fazer nada diferente do punk-rock".

Chegou-se, então, a um impasse, e não se achava o caminho para um meio-termo, ou mesmo um armistício. O relacionamento da banda com a gravadora estava esgarçado de tal maneira que o rompimento parecia iminente.

"Houve um momento de insegurança deles", explica Mayrton sobre aquele ponto tão delicado da relação entre contratante e contratados. "Estávamos na EMI, a gravadora dos Beatles, que era um sonho – o Renato era muito romântico com essa coisa –, com uma expectativa enorme. E a proposta não estava longe de como eles eram. Mas bateu uma puta de uma insegurança. E isso gerou o quê? Eles ficaram rígidos, a ponto de até querer desistir".

De fato, a banda esteve prestes a entregar os pontos e chutar o pau da barraca, como relata Dado. "Já era perto do Natal. Cheguei para a Patrícia, secretária do Jorge, e disse: 'Então, Patrícia, vou adiantar minha passagem. Vê aí, porque estou indo embora amanhã para Brasília. Parece que não vai rolar porra nenhuma aqui'. E nisso o Mayrton me viu".

A imagem permanece clara também na memória de Mayrton, 40 anos mais tarde. "Num belo dia, eu cheguei de manhã naquele pátio, onde tinham umas três salinhas na saída dos estúdios, e, quando caminhava para minha sala, vi o Dado conversando com uma das secretárias. Ele parecia muito nervoso". Mayrton reproduz o diálogo:

– Dado, o que houve?

– Estamos marcando nossa passagem de volta para Brasília.

– Como assim???

– Não, cara, não dá, está complicado gravar. Não está dando certo!

– Pô, vocês vão desistir?

Dado não chegou a verbalizar que ia desistir, mas estava agitado. Mayrton tentou acalmá-lo:

– Cara, vamos conversar. Vou juntar vocês três na minha sala.

Naquela reunião de emergência, que começou de manhã e foi até quase de madrugada, Mayrton Bahia deu uma *master class* de indústria fonográfica para instruir a Legião, abrindo os olhos e a cabeça dos rapazes – e temperando suas expectativas.

"Falei para eles: 'Vocês não entendem o que é uma gravadora. Há custo e benefício. Tem produto de curto prazo e de médio e longo prazos. Alguns artistas precisam desse tempo de maturidade para desenvolver uma identidade. Talvez o conflito de vocês seja uma expectativa muito grande de um resultado imediato. Mas vocês não são iguais aos Paralamas, nem são iguais à Blitz'".

Mayrton lembra que naquele tempo, na década de 1980, as gravadoras tinham os artistas de curto prazo, "porque não são empresas filantrópicas". Mas, com as vendas dos artistas ditos "comerciais", era possível separar uma parte da receita para investir a médio e longo prazos na novidade, em artistas que não se sabia se iriam vingar. Era uma forma de construir a carreira deles.

Grande sucesso na TV, Tim Tones, personagem de Chico Anysio (inspirado no pastor americano que em 1978 levou milhares de seguidores ao suicídio, na Guiana), é alvo de críticas de pastores evangélicos brasileiros.

Exatamente como estava sendo feito com a Legião, um nome ainda desconhecido, de potencial não testado, que vinha tateando seu caminho no estúdio, um ambiente que pouco conhecia, dentro da estrutura de uma grande multinacional.

Só que a estratégia prevista para a Legião era basicamente o padrão da indústria, conforme explica Mayrton, mas não necessariamente a mais indicada. "Você fazia um *single*. Se desse certo, fazia outro. Se esse também desse certo, aí então vinha um LP, talvez lá no terceiro ano, incluindo aquelas canções que viraram hits. Os *singles* eram baratos, um investimento mais seguro".

Seguro, sim, mas as duas músicas de um compacto seriam representativas da Legião como um todo?

"No *single* você testava a música, e não necessariamente o artista", pondera Mayrton. "Mas, quando lançava um LP, com dez, 12 canções, ele mostrava sua identidade. E dava tempo para aprender a ser artista. Porque não existe faculdade de artista".

Esse raciocínio pode ter pesado no caso da Legião. Isso e o próprio repertório da banda, que para Mayrton era muito forte. "A gente vai lançar um compacto de uma banda punk ou vai lançar um LP com mais produção, dando mais uma lapidada?", perguntou a Renato, Dado e Bonfá.

Por isso, Mayrton fez um trato com os três: iria tentar posicionar a banda como o tipo de artista do qual não se esperaria um resultado imediato. Ele lembra o que disse:

– Vocês vieram de um nicho de punk de Brasília e, de repente, estão numa grande gravadora, com uma grande expectativa. Então, vamos dar um tempo nisso. Eu me comprometo a defender essa ideia junto à gravadora, de fazermos tudo com calma, de pensarmos a médio e longo prazo. Vou botar o meu na reta e a gente vai ficar junto. Vamos acompanhar, fazer o som com a cara de vocês e vamos ver o que eles *(da gravadora)* resolvem.

"A conversa foi ultra, ultrapositiva", avalia Dado, com mais de quatro décadas de distância daquele ponto de inflexão fundamental para ele e para toda a banda. "Porque ele pôs as cartas na mesa".

De fato, o caminho para a Legião, caso tudo gorasse, poderia ter sido bem diferente. Mas pelo menos uma pessoa da banda não teria olhado para trás. "No meu caso, aquilo ali não era a minha vida", admite o guitarrista. "Eu ia ser sociólogo. Ia levar uma vida acadêmica. A música mudou as nossas

No Parque Lage, no Rio de Janeiro, é montada em agosto de 1984 a exposição "Como vai você, geração 80?", com obras definidas como neo-dada, neo-expressionista, neo-fauve e transvanguarda.

vidas, mas não quer dizer que nossas vidas iam depender economicamente daquilo ali. Basicamente íamos realizar um sonho de estar na gravadora dos Beatles fazendo um disco. Eu, fanático pelos Beatles, e o Renato, também".

O presidente João Figueiredo sanciona a chamada Lei de Informática, que impõe barreiras à importação de computadores, encarecendo esses produtos no país. Um computador da IBM, que custava 9 milhões de cruzeiros, passa a valer, com os impostos, 30 milhões.

Dado faz uma observação: "O Renato, claro, tinha uma noção muito mais profunda e atenta à questão do que é a indústria, por conta das milhares de biografias que leu, sobre todos os grandes artistas do pop e do rock mundial".

Só no fim daquela providencial conversa com Mayrton Bahia a ficha caiu para os três. Dado prossegue: "A gente falou: 'Ah, tá bom. Então, a gente vai embora pra casa, passa o fim de ano lá, mas em janeiro volta pra fazer esse tal compacto'. Foi quando Mayrton chegou e disse: 'Cara, não vai ser mais um compacto, vai ser um LP!'".

A Legião, de fato, gravaria um LP. Só que demoraria seis meses para que isso acontecesse. E ainda faltava escalar um novo produtor. Por que não o próprio Mayrton, já tão entrosado com a banda e dono da confiança deles? Só se ele se multiplicasse. "Eu às vezes produzia dois discos ao mesmo tempo. Teve anos em que produzi sete discos", contabiliza. "Uma loucura! Nesse período eu estava com o Clube da Esquina, e havia ainda Beto Guedes, 14 Bis, Dalto... Era um monte de gente. Eu não tinha tempo para produzir a Legião".

Foi aí que eu entrei em cena.

"Achei legal sua chegada", recorda Mayrton. "Já conhecia você da mídia. Era um cara que sacava de música. E eles gostaram. Tinham uma impressão muito boa de você. Então, eu disse: 'De repente, vai dar samba, porque acho que o cara vai entender essa tonalidade, ele está antenado com a música de hoje, não só no Brasil, mas internacionalmente'. Foi uma aposta. O Jorge também bancou. E aí comecei a assumir verdadeiramente o papel do diretor de produção. E pude dar um suporte quando precisava".

"A questão, talvez fundamental, para a coisa ter dado certo foi trabalhar com um produtor tão novato quanto nós", avalia Dado. "Porque eu acho que não havia opção no cenário musical brasileiro. A gente experimentou dois grandes produtores e o Liminha, também um nome importante, era contratado de outra gravadora, a WEA".

O guitarrista lembra que eles eram autodidatas, com experiência musical intuitiva. "A gente precisava de alguém que não fosse, digamos assim, um profissional do mundo pop, justamente quando o rock estava renascendo no Brasil. Nossa conexão, nesse sentido, foi perfeita. 'Pô, o Zé é jornalista, entende de música, a nossa linguagem'. Todo mundo ali se entendia. A gente estava falando de Gang of Four, de U2, de Joy Division... Eu falava sobre isso com o Sussekind, e ele: 'O quê?'. Ninguém conhecia, no máximo conhecia o U2".

Bonfá, Dado e Negrete num intervalo das gravações, no estacionamento da EMI-Odeon

CARA A CARA COM A LEGIÃO

MERGULHO NO ESCURO E TODO MUNDO NO MESMO BARCO

Na volta do feriadão de Corpus Christi (21 de junho), fim de tarde de segunda-feira, a luz da secretária eletrônica – lembre, estamos em 1984 – piscava com insistência. A mensagem deixada pela secretária humana da EMI-Odeon alertava, num tom convocatório: "A Legião já está no estúdio".

Sabia que estava perto de começar a gravação, mas não havia sido estabelecida a data. De repente, sem aviso, é agora! Fazer o quê? Era o tempo de trocar a roupa e ir direto para a gravadora, instalada num conjunto de prédios baixos em Botafogo, onde ficavam seus escritórios e estúdios – os de gravação e o de mixagem.

Renato Russo, Dado Villa-Lobos, Marcelo Bonfá e Renato Rocha (ou Negrete), o recém-chegado novo baixista, ainda estavam se aclimatando com o técnico Amaro Moço a uma nova etapa – a terceira – de fazer um disco. Cabreiros, escaldados com as duas tentativas frustradas de gravar algo que agradasse a eles e à gravadora. Esperançosos – ou então não estariam ali no estúdio –, mas com um pé atrás, por precaução.

Lembro de uma surpresa meio esdrúxula que tive ao encontrá-los pessoalmente. Não conhecia a Legião nem de foto, só de som. Não tinha a menor ideia de como era a cara deles. E alguém me havia descrito Renato Russo como possuidor de um defeito físico que o fazia mancar. Imediatamente veio à lembrança Fughetti Luz, vocalista do gaúcho Bixo da Seda. Mas bastou bater os olhos em Renato para ver que a descrição era completamente furada. Onde é que aquela pessoa estava com a cabeça?

Djavan toca para 50 mil pessoas em sua cidade-natal, Maceió, fazendo um supershow no Estádio Rei Pelé, com direção de Daniel Filho, roteiro de Nelson Motta e nove mudanças de cenário.

E lá partimos, todos nós, para a deliciosa, apavorante, surpreendente aventura de se gravar um disco. Em todo momento, contamos com a ajuda de Mayrton Bahia – que possuía o poder de se materializar no estúdio nas horas de maior necessidade, geralmente no meio da noite, munido de cerveja, refrigerante e pizza quentinha para aliviar a fome e acalmar os ânimos – e a sabedoria, a calma e o jogo de cintura de Amaro, selecionado para gravar aquele disco a partir de uma escala corriqueira, em princípio, mas cujas características próprias faziam dele uma escolha inteligente.

"Tinham três horários no estúdio: das 9h às 15h, com três técnicos; das 15h às 21h, com outros três; e das 21h até quando Deus quisesse: 4h, 5h... Era na madrugada que o bicho pegava", lembra Mayrton. "Com o tempo, conhecendo o perfil de alguns artistas, a gente sabia que não era legal colocar determinado técnico com certo artista, ou porque não dominava ou porque era de outra especialidade. Mas o Amaro era muito tranquilo, afável, um amor de pessoa. Muito responsável e cuidadoso, tecnicamente. Era um cara que gostava do som. Ele se entregava aos projetos. Foi uma mistura da escala e do perfil".

O filme "Purple rain", estrelado por Prince e sua banda, The Revolution, torna-se um fenômeno comercial e recupera seu investimento de 7 milhões de dólares em apenas dois dias de exibição nos Estados Unidos.

Curiosamente, o currículo de Amaro – ex-funcionário dos Correios, recém-promovido a técnico de gravação na EMI-Odeon, pupilo de um bamba da profissão, Nivaldo Duarte – o ligava mais aos artistas do samba (Roberto Ribeiro era um deles), embora já tivesse atuado em discos para nomes mais pop, como Rosana (acompanhada por Lincoln Olivetti) e Vinícius Cantuária. Sua índole, porém, pode ter contado bastante também, dada a situação.

"A gente sabia que ali não haveria confusão", afiança Mayrton. "Ainda mais porque a Legião já estava vindo de dois outros grandes conflitos. A gente não podia ter problema novamente".

Amaro lembra tudo de forma um pouco diferente. "Havia uma correria geral, ninguém queria pegar a Legião, porque eram problemáticos", conta. "E acabou caindo no meu colo porque nenhum técnico queria mais trabalhar com eles. Como eu tinha acabado de ser promovido de auxiliar de estúdio para técnico, sempre que surgia um rabo de foguete... 'chama o Amaro'".

O fato de ter gravado muitos discos de samba o fez ser rotulado como "técnico de samba". Amaro recorda. "Falei: 'Meu amigo, eu gravo samba, eu gravo rock, eu gravo valsa, eu gravo Beethoven. Grave é grave e agudo é agudo. No mundo todo. Então, é o seguinte: manda os caras que eu vou encarar'".

Restava ver como os caras encarariam Amaro. "No primeiro encontro com eles, falei assim: 'Ó, vocês estão fazendo o primeiro disco, vocês estão começando. Eu também. Fiz poucos trabalhos até agora e sei da importância do disco de vocês. Já teve vários problemas e eu sou o último técnico disponível para este trabalho'. Abri o jogo e falei: 'Ninguém mais quer gravar com vocês'. Cara a cara".

Ele lembrou à banda que o disco estava emperrado. "Eu disse: 'A gente só tem uma solução. Vocês fazerem um trabalho bacana, bonito, e eu também dar o meu melhor, para valorizar o som de vocês. É o único caminho que a gente tem para dar certo o meu primeiro trabalho importante, e vocês também colocarem o primeiro trabalho importante de vocês para ser conhecido pelo grande público'".

Amaro narra como terminou a conversa, depois daquele meio segundo que pareceu durar uma eternidade: "Eles me olhando e eu pensando: 'Os caras vão me encher de porrada'. Daí, Renato virou para mim e falou: 'Tá legal. A partir de hoje, eu vou te chamar de Tio Amaro'. E eu respondi: 'Então, tá bom. Vamos pro estúdio gravar?'".

Negrete e Bonfá numa festa da EMI-Odeon em janeiro de 1985, às vésperas do Rock in Rio, um mês antes do lançamento do disco

O QUARTO ELEMENTO

INSEGURANÇAS E SINTONIA MÚSICAL EM XEQUE

Dado lembra que a Legião tinha chegado ao Rio antes mesmo de julho de 1984 – quando, de fato, começou a gravação do disco – para "dar uma passada nas músicas, ensaiar, fazer uma pré-produção e ir se ambientando no estúdio, porque nesse meio tempo havia entrado na banda o Negrete".

Negrete era um dos apelidos de Renato Rocha (o outro era Billy), skatista e baixista cujo gosto ia de Black Sabbath a Black Flag, passando por Stanley Clarke e Earth, Wind & Fire – portanto, mais eclético do que um "mero" punk. Ele tinha sido arregimentado de última hora depois que o outro Renato, o Russo, baixista original do grupo, cortara os pulsos, num ato impetuoso às vésperas da gravação.

"Mais ou menos, ele me sacaneou, porque a Legião começou com o Renato no baixo", reclama Marcelo Bonfá, recordando hoje a crise do passado. "Toda a história da Legião Urbana era a cozinha, *drum and bass*, eu e ele. A gente tinha uma onda de fazer uma coisa meio Public Image Ltd. Aí, ele mandou essa".

Bonfá conta que coube a ele a missão de fazer o convite ao novo integrante. "Eu estava em Brasília e encontrei Negrete numa festa. Ou Renato me chamou para falar com ele. Íamos gravar um disco dali a um mês e não tínhamos baixista. Eu: 'Porra! O que eu faço agora?'. Aí fui lá, peguei o Negrete e disse: 'Quer entrar pra Legião e gravar um disco?'. Ele disse, com voz meio grave, meio sonolenta: 'Eu quero'".

No entanto, pelo menos para Bonfá, a chegada do novo integrante teve um efeito negativo para a banda. Com a entrada de Negrete, a "cozinha" – o alicerce rítmico do grupo – estagnou. "Acabou. Antes da gente gravar o primeiro disco, acabou a Legião. Mais ou menos isso, porque Negrete e eu, a gente era amigo, mas não era entrosado musicalmente", o baterista sentencia.

Sucessos nas rádios em setembro de 1984

- "Óculos" (Paralamas do Sucesso)
- "Pride (In the name of love)" (U2)
- "Lucky star" (Madonna)
- "Tic-tic nervoso" (Magazine)
- "Ao que vai chegar" (Toquinho)
- "Papel machê" (João Bosco)

Por isso, a gravação do primeiro disco foi muito desgastante para Bonfá. "Imagina uma cozinha sem sintonia musical. E foi o que eu tive que segurar, porque descarregavam tudo em mim. Tudo afunilava em mim, porque eu sou o batera. Graças a Deus, a gente já tinha todas as músicas. Só que os andamentos e os *grooves* que o Negrete fazia nada tinham a ver com a minha escola musical. Negrete vinha de uma escola posterior. Ele gostava de Dead Kennedys. Era acelerado. Nota pra caralho", diz Bonfá. "Então, eu tinha que ficar ali entre o Renato, o Dado e o

Negrete, entende? Só que as músicas já existiam! Assim, o bumbo e o baixo nunca batiam junto. Era uma outra banda".

Para Fernanda Villa-Lobos, empresária da Legião de 1984 a 1987, esposa de Dado e presente durante aqueles meses no estúdio, o som da banda "mudou totalmente com a entrada do Negrete". Mas, no entender dela, para melhor. Porque se antes era uma banda punk, passara a ser uma banda punk *grooveada*. "Chegou ali um certo *groove* que antes não tinha. Até então era uma coisa mais visceral, mais mal tocada, digamos, e a dinâmica da banda também mudou um pouco".

> Futuro sucessor de Konstantin Chernenko, Mikhail Gorbachev visita a Inglaterra. É recebido com altas honras pela primeira-ministra Margaret Thatcher, linha dura e anticomunista. O encontro é considerado o primeiro passo para a diplomacia internacional do Ocidente com a União Soviética.

"Acho que ele entrou muito bem na Legião, era um cara que tocava bem. Musicalmente, ele enriqueceu bastante o som da banda", acrescenta Fernanda. "Tirou daquele lugar só Ramones, de barulho, que não tinha muito futuro. Essa nova dinâmica fez com que eles começassem a conversar em outra língua. Dentro daquele meio, Negrete tocava bem. Já o Dado e o Bonfá não tocavam muito bem. Deram sorte, tiraram um bilhete premiado de loteria. A entrada do Negrete ajudou muito a ter uma mudança de olhar".

A novidade de estar trabalhando num estúdio de ponta, gravando seu primeiro disco, impactou os músicos positivamente. Mas também os intimidou.

"Eu estava muito inseguro", lembra Dado, especialmente no que se refere a seu preparo para aquela gravação. "Imagina: eu tinha um Checkmate, um amplificador da Editora Irmãos Vitale em que botei um alto-falante de carro mesmo. E eu tinha comprado em 1983, em Paris, uma guitarra Ibanez. Era isso que eu tinha".

Renato Russo bota a voz em uma das faixas do álbum: sua interpretação impressionava todo mundo no estúdio

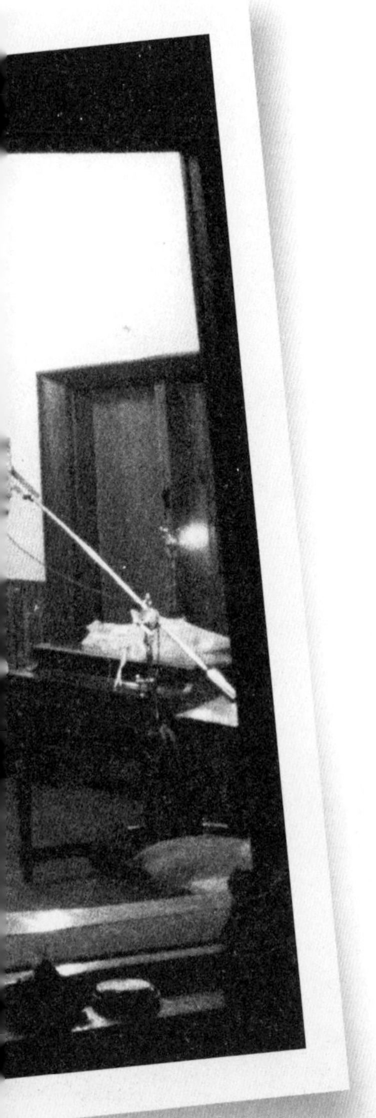

COMEÇAM AS GRAVAÇÕES

UM ALARME FALSO, QUASE UM ERRO CATASTRÓFICO

Eu considerava a Legião Urbana o embrião da melhor banda de rock do Brasil, da mesma maneira que o jornalista americano Jon Landau enxergou no Bruce Springsteen de 1974 o futuro do rock. A missão era ajudar a extrair dali as melhores provas possíveis da minha tese.

Logo no início do trabalho, chamou a atenção a maneira como, apesar de seu posto como *frontman* e de ter sido o principal atrativo na hora de se contratar a Legião, Renato Russo toda hora delegava as decisões da gravação a seus companheiros de grupo. Pelo menos, na minha frente: "O que o Dado acha?", "aí é com o Negrete", "pergunta pro Bonfas" (como ele chamava o Bonfá).

Gradiente e Philips lançam no país a primeira geração de toca-discos a laser.

Ainda assim, nasceu dele – e só dele – a primeira faísca do que poderia ser produzido ali em Botafogo. Músico hábil e versátil, com ouvido sofisticado, afinado pelo melhor do rock britânico e dos Estados Unidos das décadas passadas, Renato se entendeu muito bem com dois equipamentos disponibilizados no estúdio: o sintetizador japonês Roland Juno-106 e a bateria eletrônica LinnDrum (inventada por um engenheiro americano, Roger Linn, também um guitarrista/compositor gravado por Eric Clapton e que tocou com Leon Russell), novidades na época. Em pouco tempo, minutos, literalmente, elaborou ali um belo instrumental pop, em linha com o tecnopop praticado por contemporâneos como o Eurythmics.

Aquele primeiro resultado palpável obtido no estúdio (embora, vale repetir, produto do trabalho de apenas um dos quatro do grupo) vinha pronto para ganhar letra e tinha toda pinta de virar um primeiro *single* pop para tocar nas FMs e tornar a Legião famosa de Norte a Sul. Ainda que tudo ali só tivesse a participação de Juninho – como eu passaria a chamar Renato, já que seu sobrenome era Manfredini Jr. Mostrei a fita a Mayrton em seu escritório, e ele abriu um sorriso de aprovação, balançando ao ritmo do tema instrumental tão cativante, um tento positivo logo no início da produção do disco. Eu pensava que estávamos fazendo ótimo progresso.

Outubro de 1984

- O cacique-deputado Mário Juruna, do PDT-RJ, acusa o coordenador da campanha de Paulo Maluf, Calim Eid, de tentar suborná-lo com 370 milhões de cruzeiros.
- Antônio Carlos Magalhães reúne milhares de documentos para se defender do processo por injúria que Maluf moveu contra ele.
- Cartazes misteriosos surgem em Brasília, associando Tancredo Neves ao Partido Comunista. Dois militares, a serviço de Maluf, são presos como autores do engodo.

Só que, por mais atraente que fosse a ideia de finalizar aquela faixa e lançá-la, aquilo não era a Legião. Ou melhor, no fundo, no fundo, tinha a ver com o espectro musical mais amplo do grupo, como se veria na faixa *Por enquanto*, que encerrava o disco, toda com sintetizadores e bateria eletrônica – e, de novo, toda só Renato.

Aos 55 anos, Ronald Biggs, que vivia no Brasil desde 1970 e fora um dos assaltantes do trem pagador que fazia o trajeto entre Glasgow, na Escócia, e Londres, na Inglaterra, abre no Rio de Janeiro a casa punk Crepúsculo de Cubatão. Biggs é pai de Mike, cantor mirim da Turma do Balão Mágico, fenômeno na televisão e no disco nos anos 1980.

Apresentar a Legião ao mundo através daquela faixa dançável de synth-pop teria sido um erro catastrófico, a estratégia errada. Felizmente, Renato e os demais legionários enxergaram o erro antes de mim, se fizeram de desentendidos e rapidamente engavetaram aquela música, sem jamais concluí-la até o final das gravações, como se nada tivesse acontecido.

A canção só voltaria à superfície dois anos depois, transmutada e devidamente rearranjada com guitarra, baixo, bateria, piano (e sintetizador também). Batizada de *Daniel na cova dos leões*, abria *Dois*, o segundo álbum do grupo.

Abortada a surpreendente aventura tecnopop, dali por diante o objetivo era pegar aquele diamante bruto e lapidá-lo, explicitando a alma da Legião e todos os seus predicados, abrindo portas para que Renato, Dado, Bonfá e Negrete dessem massa a músculos criativos que talvez nem soubessem ter. Os quatro participaram de um intensivão de múltiplas autodescobertas, que só meses de trabalho concentrado no estúdio poderiam provocar.

E, pensando bem, o quase-chabu eletrônico pode ter atiçado os rapazes a darem seu melhor – e ficarem o mais distante possível daquele primeiro experimento que, na verdade, os pegaria na curva. Mas ainda faltava chão até chegarmos lá.

Renato e Dado no estúdio: o repertório era imbatível, só faltava imprimir no disco a personalidade da Legião

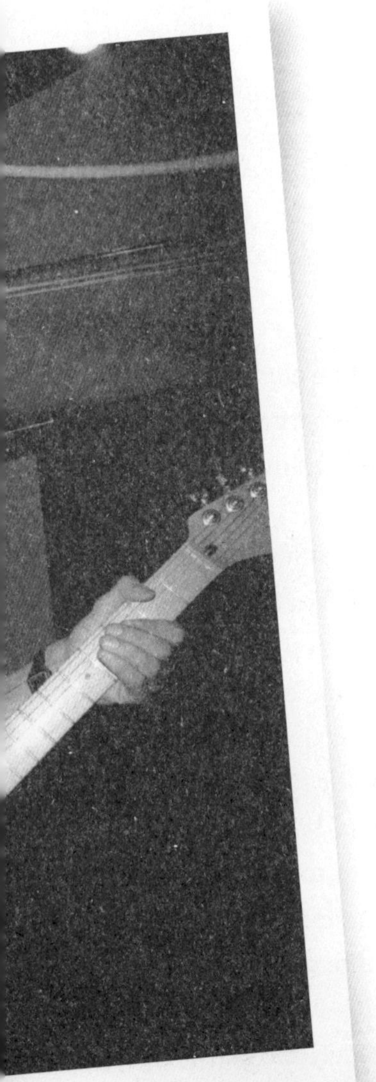

ENERGIA E DISTORÇÃO

SOM COM PERSONALIDADE ÚNICA NO ROCK BRASIL

Reunidos no estúdio 1, o maior da EMI-Odeon, eu e eles tínhamos como preocupação inicial definir a sonoridade do primeiro disco da Legião. Como melhor capturar aquelas músicas e traduzir na fita de gravação a energia e a personalidade da banda?

Minhas referências eram muitas e variadas, de Beatles e Stones a Clash e U2, passando por tudo que rolava pelo meio, de Yes e King Crimson a Lou Reed e New York Dolls. Resultado de décadas ouvindo discos de todo tipo de plumagem e dissecando, de cabo a rabo, cada nuance, cada detalhe diferente, de timbre a equalização (ainda que no começo nem soubesse o que era uma coisa ou outra). Na prática, o necessário era encontrar não o similar do passado para adaptá-lo ao presente, mas sim deixar os rapazes da Legião à vontade para tocarem bem e ficarem abertos a possibilidades e a sugestões, para, então, encontrar o som que seria deles. Não aquilo que já estava na fita cassete através da qual muitos tomaram o primeiro contato com eles. Mas algo além, que sublinhasse os diferenciais da banda e de seu repertório e urgisse: "Isso aqui é a Legião Urbana, aumente o som e ouça com atenção!".

A voz, a presença, a musicalidade, a autenticidade e as letras de Renato Russo já eram mais que meio caminho andado. Não existia algo parecido no rock brasileiro. O som da banda precisava ser burilado para estar à altura da barra imposta por aquele vozeirão versátil de um puta cantor. Precisava ser único, facilmente distinguível, fiel à alma da banda – e o mais próximo possível do que se fazia lá fora, uma sonoridade internacional e à frente de seus pares.

Sem formação técnica ou musical (no sentido de ser capaz de tocar um ou mais instrumentos), minhas ferramentas para chegar a um bom resultado eram informação, formação, ouvido e intuição. E muita vontade de acertar. Com esse "equipamento", fui garimpar o som da banda.

Um caminho seria gravar o máximo possível ao vivo, para tentar capturar a energia da Legião e, aos poucos, ir adicionando elementos com *overdubs*, com gravações em separado de um instrumento (uma guitarra, um violão, um piano) ou mesmo de uma voz diferente, para harmonizar ou fazer contraponto à voz principal. A parte ao vivo era mais fácil – em linhas gerais, um show controlado – e rendia sempre muito bem, produzindo boas opções, conforme o nível de qualidade da execução (e aqui também estava outro motivo para escolher determinados trechos para gravar separadamente).

Filmes em cartaz em dezembro de 1984

- "O cavalinho azul"
- "Moscou em Nova York"
- "Loucademia de Polícia"
- "Gremlins"
- "A filha dos Trapalhões"

Muitas vezes surgiam sacadas inesperadas ou acidentes que

funcionavam bem – e, por isso, eram preservados. Foi assim com a esfregada da corda de violão com a palheta que Renato deu para fechar *Baader-Meinhof blues*. Ou com os ecos usados no baixo em *A dança*. Ou com o ruído de fita sendo disparada na introdução de *Petróleo do futuro*, em dois momentos diferentes, antes de todo mundo já estar pronto para tocar, acrescentando uma tensão de competidores prestes a disparar no início da corrida.

Para Amaro Moço, a questão era específica e, claro, bem técnica. Calejado por sessões de gravação com músicos mais experientes e grandes nomes da MPB (a família Caymmi, dentre eles), seu foco era temperar essa experiência com o que era feito de rock no Brasil.

"Minha primeira preocupação era ter uma sonoridade definida para a Legião", explica Amaro. "Os Paralamas, principalmente, tinham aquele som sequinho, limpinho, com Kepex *(filtro de ruídos Keyable Program Expander)*, tudo arrumadinho e tal, que era coisa do *(técnico)* Franklin Garrido, um estudioso da engenharia de som. Eu pensava cá com meus botões: tenho que arrumar um caminho novo de sonoridade, dar uma cara para esse disco. Bom, vou botar o pescoço na guilhotina e ir no sentido oposto. Kepex, equalizador... Vou limar tudo isso. E zerei a mesa de gravação. Tudo zero, zero, zero".

- A China faz reformas econômicas, rumo ao capitalismo: o dirigente comunista Deng Xiaoping e seu primeiro ministro, Zhao Ziyang, recebem mais de 50 empresários americanos e ingleses para negociar um pacote de medidas para liberar a economia do país.
- A Coca-Cola chega à União Soviética para competir com a Pepsi, vendida por lá desde 1973.

Amaro optou por aproveitar o que a banda possuía de melhor: "Eles tinham o repertório já nos dedos, além de alguns arranjos, por tocarem há um tempo aquelas músicas. Tentei tirar, mais que um som, uma 'fotografia' daqueles momentos. Era um repertório que eles gostavam de tocar".

Após uma queda de braço com a EMI-Odeon, a gravadora CBS fica com o passe da emergente banda RPM, que prepara o lançamento de seu primeiro disco.

Apesar das limitações naturais do quarteto, Mayrton Bahia destaca a habilidade musical da Legião para tocar as canções escolhidas. "Com aquela energia toda, com aquela batida e a pegada punk, ia funcionar. Renato cantava com muita credibilidade e as letras eram ótimas. Não se tratava apenas de um punk cuspindo marimbondos, mas de um punk diferenciado", enfatiza. "É a coisa que eu falo da dinâmica: entoar, valorizar determinadas palavras em alguns momentos. São detalhes que fazem muita diferença. Não é aquele bando de caras gritando. Renato sempre foi um grande cantor".

Mayrton apostava que, segura e confiante, a banda tinha tudo para dar certo. "Mas eles precisavam realmente de alguém que fosse entender quem eles eram. Naquele momento foi importante você estar ali, porque você tinha uma bagagem cultural/musical e conseguia discernir essas coisas".

Definidas as prioridades, coube a Amaro Moço equipar os rapazes com suas respectivas armas: "Peguei um Marshall que estava lá parado, com cabeçote e tudo, e dei para o Negrete". Ele se refere ao amplificador poderoso e barulhento, favorito de Jimi Hendrix, mas também usado no passado por gigantes do contrabaixo, como Chris Squire, do Yes, e Jack Bruce, do Cream. “Peguei um microfone Neumann valvulado e botei na cara do amplificador. O Neumann esquentava de tanta porrada que ele levava”.

Para a guitarra do Dado, a escolha recaiu sobre um amplificador Fender, de som mais limpo e elegante. O que não agradou ao músico nem um pouco. “O Twin Reverb Fender não tinha muita distorção”, argumenta o guitarrista. “Eles sempre controlavam a distorção por causa do som de rádios FM”.

O passo seguinte foi resolver o som do Bonfá. “A bateria não tem muito socorro. E a execução dele, no primeiro disco, podemos chamar de sofrível, sendo bem delicado. Eu disse: ‘Vou tocar o bonde com o Bonfá assim mesmo’. Tinha umas casinhas no estúdio 1 para abrigar a bateria. E eu quebrei esse processo também. Coloquei-o na área mais ‘viva’ do estúdio, onde se gravava violino. Pensei: em vez de limpar a sonoridade do disco, vou começar a sujar mesmo, deixar a música respirar e aproveitar os harmônicos. Era um disco de rock. Resolvi usar isso, e, de cara, gostei do resultado, porque não ficou uma coisa digital, limpinha, asséptica”, explica Amaro. “Eu queria uma unidade no disco, uma sonoridade que saísse do padrão do que rolava nas emissoras de rádio e os diferenciasse dos outros grupos, para todo mundo sacar quando tocasse a primeira música: é a Legião!”.

Lidar com Dado e os dois Renatos não era complicado para Amaro. Não se incomodavam de repetir uma canção quantas vezes fosse necessário. Mas gravar músicas em partes não era tarefa fácil – ou agradável – para um baterista. "Vamos aos problemas", começa a listar Amaro: "Para começar, de execução, de andamento. A virada do Bonfá nunca caía no tempo certo, era meio trôpega, não tinha uma lógica. Eles escolhiam a virada dentro da música enquanto tocavam, mas no meu ouvido batia errado".

Placas eletrônicas que captavam comando de voz começam a ser testadas em microcomputadores nos EUA, uma espécie de avós da Siri e da Alexa.

Amaro puxou Bonfá num canto: "Eu falei: 'O negócio é o seguinte, toda música que tiver virada de bateria você memoriza. Mas não faz, não'. Ele: 'Por quê?'. Eu não ia falar o motivo real, né? Então, dei uma enganada: 'Porque eu tenho um microfone foda que grava os tambores com uma sonoridade maravilhosa. Só que eu tenho que alugar esse microfone, não está aqui ainda'. Ele olhou pra mim meio desconfiado, mas disse: 'Tá legal'. Seguimos com ele mantendo caixa e bumbo, maravilhoso".

Para surpresa de ninguém, Bonfá não morreu de amores pelo processo proposto por Amaro. "Os caras queriam que eu fizesse uma base para eles construírem uma música. Depois, queriam que eu pontuasse as coisas onde foi construída uma estrutura básica. Eu acho isso um Frankenstein", reclama agora o baterista.

Bonfá detalha a rotina de gravação do primeiro disco. "Quando a gente entrava no estúdio e começava a gravar uma base, a estrutura era sempre muito simples, porque não tinha tempo para fazer. O Renato não tinha letra pronta... E eu não podia pontuar nada. Ficava passando o som da bateria horas! Isso me desgastava muito. Quando acabava e eu já estava de saco cheio, falavam: 'Vamos gravar agora'. Quando gravava uma base e diziam 'está bom', eu falava: 'Jura? Então, tchau, não aguento mais. Está bom mesmo? Então, guarda. Estou confiando em você, porque eu já perdi o parâmetro faz muito tempo'".

"Eu sempre fui take 1. Sou take 1 até hoje. Só que a Legião Urbana nunca teve isso", continua o baterista, sublinhando sua preferência por gravar a música de primeira, sem tentar novas opções, de forma que vale aquela versão única, por sua espontaneidade e frescor, soe como soar. "Todos os discos da Legião após esse foram feitos no estúdio, e tudo montado no esquema de como Renato sabia fazer. Ou seja, ele sabia pescar o melhor de todo mundo. Não chegava com nada pronto. Ele te dava corda para você ir, sacou? Dava corda e pegava o melhor de cada um".

Em Genebra, americanos e soviéticos iniciam conversas sobre desarmamento.

Bonfá relembra o processo: "Eu fazia minha bateria, aí o Dado vinha e ficava um mês bolando guitarra. Eu tinha só uma hora pra gravar a bateria. Os caras ficavam gravando, ficavam brincando no estúdio. Eu queria pegar onda! Era um saco ficar naquele estúdio fechado para ver os caras tocarem essas notas... Não aguentava isso. Quando ficava pronto o disco, a bateria não tinha virada, não tinha acentuação, não tinha dinâmica, porque não tinha música".

À medida que as gravações progrediam – primeiro, pelas manhãs e, já no fim, varando as madrugadas –, vez por outra, chegavam visitas no estúdio: Herbert Vianna e Paula Toller, na época um casal; Guilherme Isnard, vocalista do Zero; Lulu Santos (que deixou todo mundo boquiaberto quando sacou o contrabaixo de Negrete e saiu fazendo solos estratosféricos); Marcelo Nova, do Camisa de Vênus.

Fora do horário de gravação, Amaro e eu nos reuníamos para avaliar os resultados. Para tanto, consultávamos, separadamente, ouvidos alheios, mas devidamente abalizados. No caso dele, os do experiente técnico Nivaldo Duarte – seu guru – e de Zoltan Merck, diretor técnico de toda a EMI-Odeon, um sujeito bem rígido. Eu levei uma fita com algumas músicas pré-mixadas para Alberto Carlos de Carvalho, então diretor de programação da Rádio Cidade, que logo sugeriu enfatizar mais os graves.

Assim, aos poucos, separávamos o joio do trigo e selecionávamos os melhores takes para finalizar com *overdubs* ou efeitos. Até chegar à forma final de cada faixa.

No decorrer daqueles quatro meses, escreveu-se um capítulo fundamental da história do rock brasileiro. Ainda que para os quatro músicos as prioridades fossem bem outras.

Lembro uma tarde (ou teria sido noite?) em que Renato e eu caminhávamos abraçados pelos corredores da área dos estúdios, satisfeitos com uma gravação recém-concluída, e ele falou:

– Rondeau, sabe o que eu mais quero?

A resposta só podia ser uma, e disparei:

– Fazer o melhor disco de rock do Brasil?

Juninho riu:

– Não! Eu quero grana! Eu estou precisando de dinheiro!

Rimos muito. No final, pelo menos aquele desejo virou realidade.

LEGIÃO URBANA
Legião Urbana

PARTE II

LEGIÃO URBANA, O DISCO

UMA AVALIAÇÃO DO ÁLBUM, 40 ANOS DEPOIS

Revisitamos o primeiro álbum da Legião Urbana, faixa a faixa, com o distanciamento de quatro décadas. No processo, vieram impressões e lembranças da evolução por que cada música passou, de rascunho ou diamante bruto a documento bem delineado, durante a transformação daquele grupo punk de Brasília na Legião Urbana, como hoje conhecemos.

Ninguém – nem eu, nem a Legião Urbana – poderia ter sonhado o quanto o quarteto iria evoluir no decorrer da feitura daquele disco. A banda entrou no estúdio uma coisa e saiu dele outra: mais madura, mais capaz, mais segura, mais criativa, mais aberta, mais confiante, mais ousada. Muito mais forte. O disco abriu o caminho para o grande público, mas também expandiu as possibilidades da Legião – como se veria dali por diante.

Faria alguma coisa diferente? Sim. Poderia ter usado um eco maneiro nas vozes, balanceado e mixado melhor alguns trechos, engordado o baixo. Podia ter buscado um som mais pesado para determinados momentos. Mas o disco é o que é. E o que ele é marcou o rock brasileiro e estabeleceu o rumo para o futuro da Legião.

Até hoje esse álbum me arrepia e me emociona. Muito. Como se não tivesse vivenciado (e, de alguma forma, contribuído para) a feitura dele. O que só reforça a porrada que ele é.

MARCELO BONFÁ: *Eu acho esse disco o resultado de um trabalho em grupo, não só da banda, mas também seu, do Mayrton, de várias pessoas. Não é um disco da Legião Urbana como ela nasceu.*

DADO VILLA-LOBOS: *Acho que foi fundamental a sua presença ali para coordenar e mostrar aquele retrato mais amplo da banda, além de um* single. *O disco mostrou todo um repertório significativo da gente. Dentro do pós-punk tinha músicas como* Ainda é cedo, *e também um funk,* A dança. *Tem* O reggae, *que parece um negócio grego, né? E termina com uma coisa kraftwerkiana,* Por enquanto, *que é lindíssima. Aquilo tudo foi possível só porque você estava ali. As coisas conspiraram.*

AMARO MOÇO: *O disco é honesto. Tem um som honesto de música bem-feita. E a responsabilidade que eu assumi, ninguém assumiria hoje em dia. Ficaria mais confortável para mim se eu botasse a voz na frente e fizesse um sonzinho de fita cassete por baixo. De certa forma, foi isso que me deu bagagem para depois fazer outras coisas, como 14 Bis, Beto Guedes... Essa ousadia me abriu portas. Todo mundo gostou do disco e todo mundo gosta até hoje.*

FERNANDA VILLA-LOBOS: *Acho que fui uma das primeiras pessoas fora de Brasília a ver um show deles, porque os levei para São Paulo para tocar no Napalm, casa em que eu e Ricardo Lobo fazíamos a programação. Um dia, chegou um menino num ensaio – não sei se era do Ira! ou dos Titãs – e me perguntou: "Você é a Fernanda?". Eu disse: "Sou". E ele: "Eu trouxe aqui uma fita de umas bandas de Brasília". Era uma fita com três músicas da Legião, três do Capital Inicial e três da Plebe Rude. Ouvi a fita, uma, duas, três vezes. A Plebe tinha um som mais aperfeiçoado, digamos, dentro do punk. O Capital não era tão punk, já era mais melódico, e as letras não me pegaram. Naquele momento, a Legião já era uma banda sonoramente diferente, mais consistente, e a chamei para tocar.*

Mas o que eu vi foi um show de punk, confuso, porque ainda eram só os três. Todo mundo já tocava meio bem. Tinha uma banda em São Paulo, Azul 29, em que os caras tinham o melhor equipamento; um deles, inclusive, era diretor da Volkswagen. E tinha o Voluntários da Pátria, que era um negócio meio cabeça. A Legião chegou ali com um pedalzinho com durex! Nosso equipamento da casa era tudo Giannini, e chegavam os punks dizendo: "Isso é uma merda!". Aí pegavam o amplificador emprestado com o Edgar (Scandurra), *do Ira!.*

Mas eu me lembro de ter sido um show punk que os punks foram assistir – e tinha vários, porque o Napalm era frequentado só por punks. Eles se viraram de costas para o palco, falando "toca mais forteeeee" (exagera no sotaque paulistano), *que a Legião não era punk coisa nenhuma. E os três ficaram frustrados, porque se depararam com os punks gritando "toca mais forteeeee!".*

No primeiro disco, senti essa diferença do que eu tinha ouvido na fita, que havia me chamado a atenção. O álbum lapidou a sonoridade da Legião, aquela primeira percepção que tive. Com o som da fita eles não iam tocar nas rádios. Faltava algo a mais àqueles meninos, que não sabiam tocar, que queriam alcançar tão rápido o sucesso que eles acabaram alcançando. Foi o disco que os levou a se destacarem tão rápido.

MAYRTON BAHIA: *É um disco com uma identidade muito forte. Ele reproduz o perfil da Legião exatamente como era naquele momento, com uma pegada punk. Tanto é fidedigno à concepção da banda que dois produtores passaram antes e não conseguiram enxergar a Legião como ela realmente era. E esse disco ficou à altura daquilo que a banda era e queria. É um disco que definiu e deu a credibilidade – não só à banda, mas ao próprio público – para que a Legião seguisse em frente.*

Renato no piano Steinway do estúdio da EMI-Odeon, onde lapidou músicas como "Ainda é cedo"

A NOSSA PRÓPRIA CRIAÇÃO

MÚSICA A MÚSICA, O OLHAR DE QUEM ESTAVA LÁ

TODOS OS DIREITOS DO PRODUTOR FONOGRÁFICO E DO PROPRIETÁRIO DA OBRA GRAVADA SÃO RESERVADOS A REPRODUÇÃO, A LOCAÇÃO, EXECUÇÃO PÚBLICA E RADIOTELEDIFUSÃO DESTE DISCO ESTÃO PROIBIDAS • FABRICADO E DISTRIBUIDO POR FONOBRÁS, DISTRIBUIDORA FONOGRÁFICA BRASILEIRA LTDA. ESTRADA DO GABINAL, 1521, RJ. CGC 29.010.519/0001-92
Legião Urbana
(62.519.824) 1 - SERÁ
(Dado Villa-Lobos/Renato Russo/Marcelo Bonfá) 2:28 Ed. Tapajós
ESTEREO/LUXO
℗ 1984 - EMI-ODEON - BRASIL
31C 064 422944 A
(62.519.743) 2 - A DANÇA
(Dado Villa-Lobos/Renato Russo/Marcelo Bonfá) 4:00 Ed. Tapajós
(62.519.808) 3 - PETRÓLEO DO FUTURO
(Dado Villa Lobos/Renato Russo) 3:02 Ed. Tapajós
(62.519.751) 4 - AINDA É CEDO
(Ico Ouro-Preto/Dado Villa-Lobos/Renato Russo/Marcelo Bonfá) 3:55 Ed. Tapajós
(62.519.794) 5 - PERDIDOS NO ESPAÇO
(Dado Villa-Lobos/Renato Russo/Marcelo Bonfá) 2:57 Ed. Tapajós
(62.519.778) 6 - GERAÇÃO COCA-COLA
(Renato Russo) 2:20 Ed. Tapajós
EMI

1- SERÁ

É uma abertura perfeita para o disco: uma declaração de princípios ("tire suas mãos de mim, eu não pertenço a você") e um salvo musical onde estão contidos todos os elementos que definiam a identidade da Legião, uma identidade nova, adquirida ao longo de muitos meses de tentativa e erro, de aprendizado e descobertas no estúdio. É a Legião já pop, num *single* enxuto, poderoso, irresistível, pronto para tomar de assalto as rádios e conquistar fãs.

Tem uma abertura que ecoa Beatles (o fraseado de guitarra dobrado no piano, uma das marcas registradas de Lennon e McCartney lá no início), um violão (logo na música 1 do lado A, com menos de 40 segundos de disco. E é levada no violão!) fazendo cama (de novo, Beatles) e transbordando harmônicos, toques de Bruce Springsteen (o uso no refrão do glockenspiel, à *Born to run*, instrumento com barras de metal afinadas que foi motivo de muita discussão no estúdio e fora dele, mas que Renato abraçou com apetite, tocando bem mais do que o inicialmente pensado para a música) e um espírito heroico/desafiador/romântico.

Foi a primeira música do disco a ser mixada e sem a participação de Amaro, que passou a tarefa ao colega Renato Luiz. Em *Será*, a voz de Renato recebeu eco (algo que ele havia proibido o tempo inteiro e que aqui, por uma única vez, foi desobedecido – um ditame que deveria ter sido ignorado no disco inteiro, porque o eco e a voz dele formavam um casal perfeito) e apresenta, logo de saída, sua capacidade musical e de interpretação. Renato agarra o ouvinte pela gola e pelo coração com dois vocais arrebatadores, harmonizando juntos até o final.

Até hoje me arrepia e me emociona, tanto quanto na primeira vez em que ouvi a mixagem pronta, finalizada, 40 anos atrás – talvez até mais.

E um detalhe que pode passar despercebido de primeira: o título da música não é uma indagação (como está no decorrer da letra: "Será que é tudo isso em vão? Será que vamos conseguir vencer?"), mas uma afirmação. Será! Sim! E foi.

DADO: *Era uma música perfeita. Eu entrava com uma introdução* (cantarola) *tipo The Cure. Tinha uma harmonia tradicional: quinta, sexta e quarta. Um refrão forte, uma ponte e depois fecha com a terceira parte: "Brigar pra quê, se é sem querer?". E aí eu acho que fui testando dobras de guitarra. No fim, tem aquele acorde ali, o baixo vai descendo: dó, si, si bemol, fá. Si bemol, lá. E eu fiquei numa corda só, tipo Steve Levine* (do PiL). *Ainda entraram os violões.*

Começa com "tire suas mãos de mim, eu não pertenço a você". Renato traduziu isso ipsis litteris *de uma letra do Soft Cell, da música* Say hello, wave goodbye: *"Take your hands off me, I don't belong to you".*

FERNANDA: *Eu me lembro do problema com o glockenspiel. Eles disseram quando ouviram o som do instrumento no hotel* (Bandeirantes, em Copacabana, onde estavam todos hospedados durante a gravação): *"Isso não tem nada a ver com a gente!".*

AMARO: *Foi a música que me deu a rasteira no disco todo. Porque eu gravei normal, com o timbre do Renato lembrando o Jerry Adriani. Achei bacana. Não é preciso destacar a inteligência do Renato, mas ele usou aquela música como o que estava rolando nas emissoras de rádio naquela época. Era a música, digamos assim, mais comercial do disco. Eu lembro que ele sempre falava: "Eu não quero tocar na FM, eu quero tocar na AM", porque ali ele ia atingir o povão. E nessa música ele fez uma ironia, até pelo timbre que ele usou, e pelo formato da música. É uma música, entre aspas, quase que brega, né? E eu tentei mixar essa música umas três vezes. Mas com o pensamento do disco todo. De rock, de punk. Nenhuma das vezes consegui concluir. Aí, o Renato Luiz, que era um técnico evangélico, bacana, conseguiu mixar a música, com aqueles toques de* bells, *bem anos 1980. Eu fiquei meio com ciúmes, porque queria que ninguém mais mexesse nessa porra de disco. Só que a música me derrubou. Com as outras, eu me dei bem. Se comparar* Será *com as demais músicas, ela não compõe com o restante do disco. Eu estou falando de sonoridade. Mas o resultado ficou bacana.*

2 - A DANÇA

Negrete tinha um carinho especial pela voz de Renato nessa música. "Parece que ele está dançando", dizia. Nela, misturamos duas baterias eletrônicas – uma LinnDrum programada e uma Simmons, na qual Bonfá fazia as viradas – para dar uma sonoridade bem *disco* à base. O final é basicamente improvisado. Negrete ia fazendo intervenções no baixo, enquanto alguém (muito possivelmente, Amaro) mexia ao vivo no Echoplex (aparelho que cria efeitos sonoros), incluindo diferentes intervalos de eco.

DADO: *É uma música que a gente fez para tocar na ABO* (Associação Brasileira de Odontologia), *em Brasília, em março de 1983, num festival com as bandas de Brasília, num teatro que ficava na 616 Sul. A gente não tinha música. Então, em janeiro, fevereiro, a gente começou a se juntar para montar um repertório para esse festival, que durou um mês. Foram quatro fins de semana. E, ao longo desse mês, a gente acabou fazendo músicas novas nos ensaios.* A dança *foi uma delas.*

Era para ser uma discoteca, uma parada em que eu me amarrava quando tinha uns 12 anos de idade. Morava em Paris e, sempre que voltava do colégio, entrava numa loja de discos. Nessa época estava sendo lançado o Le freak, *do Chic. Eu pegava o disco para ouvir naquele* booth, *naquela cabine. A gravação era incrível e aquilo entrou no meu sistema. Tinha também o David Bowie, com o* Let's dance, *que era daquela época e também me marcou muito.*

A dança *veio com o lance de que os playboys de Brasília gostavam de ouvir discoteca. A música fala do que hoje seriam os mauricinhos, mas violentos, de bater em mulher. A gente fez aquela música assim* (reproduz com a voz o riff), *depois entrava o refrão: "Você é tão moderno, se acha tão moderno". E aí o Renato teve essa inspiração de falar da música dos playboys, uma galera que se achava tão moderna, mas que era igual aos pais. Uma coisa que envolvia, universalmente, todos nós, mas focado no lance da disco music, com quem o pessoal do pós-punk estava brigando.*

Quando a gente chegou à EMI para fazer o disco, na verdade primeiramente a demo, lembro que gravamos uma versão surreal, que é maravilhosa, com o Herbert (Vianna) *na guitarra. E ele faz umas guitarras incríveis. Uma versão diferente do que a gente vinha fazendo* (ela entrou no relançamento de 30 anos do disco).

Por um acaso, muitos anos depois, talvez uns dez anos atrás, eu e Bonfá estávamos tocando com o Jota Quest num show para a Sky, numa participação. E, naquela noite, a Sky também tinha contratado o Chic. Tem uma foto que a gente tirou e eu estou ao lado do Nile Rodgers. Nesse dia, virei pra ele e falei: "Você não está entendendo o que você fez pra mim! Cara, quando eu tinha 12 anos, eu ouvi sua música e blá-blá-blá... E ele me olhando com aquele jeito de 'quem é esse cara?'. Mas foi uma influência que acabou em A dança, *de alguma forma.*

FERNANDA: *Essa virou uma música dançante por causa do Negrete. Porque nela o Renato era mais duro no baixo. O Negrete é que deu essa cara de Nile Rodgers, essa suingada.*

AMARO: *É bateria eletrônica. Aí eu sujei com os efeitos externos, que iam rolando com a música. Quando vinha uma virada meio esculhambada, eu acabava de esculhambar: dava um toque e dobrava a virada. E eu assumia a culpa do músico. Aquela virada que não ficava bacana, eu botava mais erro. Mas foi uma música fácil de fazer.*

Uma característica dessa música é que a voz do Renato não é destacada, como normalmente se fazia na época, porque diziam que "o texto tem que estar bem definido". Eu afundei a voz dele dentro da base, botei peso em cima, e quem gostar gostou. Foi uma forma de não perder essa característica de sujar, no bom sentido, a música toda. O disco tinha muita dobra de voz, que o Renato pedia.

3 - PETRÓLEO DO FUTURO

Juntamos todo mundo num canto isolado do estúdio 1, o maior na EMI-Odeon, posicionamos nas paredes microfones PZM-70 – omnidirecionais, no formato de placas, com menos de um palmo de comprimento, cada – e soltamos a fita.

O som todo da banda, tocando junto, sem isolamento entre um instrumento e outro, com vazamentos ricocheteando pelas paredes, microfonia e tudo, veio rugindo como um trem em disparada.

É a Legião sem filtro algum, exercitando até o último grau todos os seus músculos punk.

DADO: (Lembro a Dado que ali era todo mundo tocando junto no estúdio 1). *Coisa que não se faz mais. Era para ser uma música meio punk, feral.* Petróleo do futuro *é mais uma das composições criadas quando a gente se juntou – eu, Bonfá e Renato – para fazer o show lá na ABO. Começamos com aquele sol, sol, sol, sol, sol, fá, fá, fá, fá... E aí veio a letra: "Ah, se eu soubesse". Primeiro, a gente sempre fazia junto a música inteira.*

Foi assim o tempo todo. Só depois vinha a letra. A música nasceu na sala de ensaio da ABO. E depois o Renato veio com essa história de "filósofos suicidas, agricultores famintos desaparecendo debaixo dos arquivos". É o petróleo do futuro!

FERNANDA: *É a Legião em estado puro, a velha Legião. Porque ali também era uma música que não podia mudar, né? Era um punk-rock. Ela não tinha para onde ir, a não ser para aquilo mesmo. E ficou boa, eu gosto bastante.*

4 - AINDA É CEDO

Achar a sonoridade ideal de bateria serviu de obsessão para mim no decorrer de toda a realização do disco. Era uma época de baterias fortemente destacadas – vide os discos de U2, Prince e Peter Gabriel daquele período. Naturalmente, muito da atenção na produção do álbum da Legião foi focada no som da bateria.

Em faixas como *Ainda é cedo*, essa questão falou muito alto. E, ironicamente, acabou entrando para o anedotário da Legião como a música cuja gravação por pouco não provocou um rompimento definitivo entre mim e a banda. Por causa de um confronto com o baterista.

A música ganhou um tanto de U2 com o acréscimo de um piano fazendo fraseados (um Steinway tocado por Renato), e a ambiência da bateria bem presente (aliás, como em todo o álbum), encorpando a faixa. O próprio Renato encarregou-se de tocar o baixo, uma vez que Negrete não conseguia imprimir o clima necessário. Parecia mais que meio caminho andado em direção a uma faixa forte, completa, candidata a hit. Até que surgiu um embate em torno da forma como Bonfá estava tocando.

Eu pedia a ele mais consistência no decorrer da gravação, menos flutuações e mais precisão. Fernanda recorda que já no meio da madrugada, com todo mundo exausto e irritadiço, Bonfá virou e disparou: "Eu toco bem quando eu quero".

Eu e ele já tínhamos passado por alguns momentos de tensão, ambos cheios de convicção e abençoados com a marra da juventude, mas ali cruzou-se uma fronteira. Estávamos há meses gravando um disco, era para todo mundo dar o melhor de si, concentrado, o tempo todo. Tocar bem só quando queria? Isso não existe.

Levantei da cadeira, dei as costas para a mesa de som, disse "tchau" e parti em direção ao estacionamento, para entrar no carro e voltar para casa. Tinha terminado ali minha participação no disco.

Uma ação impulsiva, impensada, imatura. Idêntico a Bonfá virar e dizer que só tocava bem quando queria. Mas o cansaço falou mais alto e naquele momento eu só queria distância dali.

Caminhei sob chuva forte no estacionamento aberto até chegar ao carro – um Fiat Uno preto –, fechei a porta, liguei o farol e o limpador de para-brisas. De repente, surgiu Renato (ou ele e Dado, não lembro) batendo na janela, pedindo para eu baixar o vidro.

Não vou lembrar as palavras exatas, mas Renato usou de todo seu poder de persuasão para me convencer a voltar ao estúdio. Não sei quanto tempo isso durou, só sei que no final ele estava encharcado, e aliviado, porque acreditei em seu compromisso de manter Bonfá mais disciplinado.

Não voltei ao estúdio naquele momento, acho, mas prometi continuar.

Como ocorre às vezes, *Ainda é cedo* só adquiriu a forma definitiva quando Mayrton Bahia e eu a remixamos para as rádios, meses depois do lançamento do LP. Ganhou repetições do refrão e ecos que enriqueceram muito a faixa. Por onde andaria hoje esse remix?

DADO: *Renato tinha um romantismo desses de poeta Lord Byron. Descabelado. E aquilo ficou meio como uma meta, talvez, pra ele viver aquilo. Não sei. Ele era um cara difícil, nesse sentido. Mas conseguia traduzir para as pessoas toda essa loucura mesmo. E* Ainda é cedo, *segundo consta, foi uma experiência com uma namorada que ele teve, essa menina que ensinou a ele tudo que sabia. Ela era meio japa, lá de Brasília. Eu não conheci. Mas essa é a primeira música que a gente fez junto. O Ico* (Ouro-Preto, irmão de Dinho, vocalista do Capital Inicial e guitarrista do Aborto Elétrico, embrião da Legião) *tinha lá feito um negócio, mas a música era um instrumental. Depois, o Ico foi embora e a gente fez o restante para mostrar ao Hermano Vianna, que estava escrevendo uma reportagem para a revista* Pipoca Moderna, *sobre o rock de Brasília. A gente tocou ao vivo para ele lá na casa do Fê* (Lemos, futuro baterista do Capital Inicial). *E era essa coisa mântrica das três notas – ré, dó, lá, ré, dó, lá, ré, dó, lá, e acabou –, os harmônicos do Andy Gill, do Gang of Four, do The*

Edge (do U2), *e os barulhinhos. Renato ficava dizendo para mim: "Faz uns barulhinhos". Foi nossa primeira composição. E virou um clássico. Depois, entrou o piano, que remetia ao U2.*

AMARO: *Acho que foi a música que eu mais ouvi. É a que tem a sonoridade mais moderna até hoje. De levada, de timbre, de equilíbrio entre os efeitos de guitarra e o som de caixa. Foi a música em que usei menos* reverb. *É a mais "seca" do disco.*

FERNANDA: *Ela mudou bastante, né? Era uma música muito mais de barulhinhos, ambiental, de harmônicos, do que de harmonia. Não tinha muito uma base de guitarra. E o piano trouxe isso.*

E tem a famosa história do Bonfá dizer: "Eu toco bem quando eu quero". O Dado depois me contou que eles foram no carro tentar convencer você a voltar e, quando retornaram ao estúdio, o Renato disse para o Bonfá: "Isso é coisa que se diga pro cara? Eu toco bem quando eu quero?". E o Bonfá insistiu: "Eu toco bem quando eu quero".

5 - PERDIDOS NO ESPAÇO

É a faixa em que minha obsessão pelo som da bateria foi levada ao extremo. Descobri que um dos truques usados no estúdio pelo produtor inglês Steve Lillywhite – um dos profissionais que mais admirava na época, colaborador de discos de Peter Gabriel e U2 –, na hora de registrar a bateria, era abusar da compressão do som captado do instrumento, bem como da própria ambiência. Convenhamos que a sala onde ele montava a bateria era toda revestida de pedras. Mesmo assim, ali estava uma boa dica.

Dito e feito: atochei a compressão (tanto do som captado direto do microfone usado sobre o instrumento como também da ambiência) na hora de mixar *Perdidos no espaço*, na qual Bonfá dobra a bateria em vários trechos.

Para o refrão, fizemos um *overdub* de bateria: gravamos trechos separadamente. A base foi toda registrada de maneira tradicional. Mas depois posicionamos os tambores e os pratos de frente para o vidro que separava a sala onde tocavam os músicos da parte do estúdio onde ficavam a produção e a técnica, e, com Bonfá tocando de pé, sem bumbo ou contratempo, captamos um som vivíssimo nas viradas e nas firulas de bateria. Dá para perceber em alguns momentos da gravação a presença de duas baterias sendo tocadas ao mesmo tempo.

Outro detalhe que pouca gente sabe: tem um fraseado de três notas, sutil, de sintetizador, reforçando o refrão da música, lá embaixo. Um "ó-ó-ó" discreto, simples, mas eficiente, funcional – tocado por mim.

DADO: *É mais uma dessas que a gente fez lá em Brasília para apresentar no show da ABO. Todo mundo se amarrava no seriado* Perdidos no espaço, *o Dr. Smith, a "velha lata de sardinha"* (cantarola o fraseado de baixo que abre a música no disco)... *Nem lembro mais direito dessa* *música. "Era como se jogasse Space Invaders", que era outra referência, porque eu jogava muito* (mostra a tatuagem no braço que reproduz uma imagem do jogo). *Tem algum teclado fazendo ali uma cama.*

AMARO: *É outra em que eu abusei dos efeitos externos. Tem um andamento que te anima a fazer ela mansa. É linear.*

FERNANDA: *O Mayrton mudou a estrutura da música, trocando trechos de lugar, e funcionou superbem. É uma música difícil, não é uma música fácil. Eu gostava, mas era bem estranha. Acho que ela é muito Renato, né?*

6 - GERAÇÃO COCA-COLA

Era para ser a faixa-assinatura da Legião. O abre-alas da banda. Mas foi a música mais difícil de ser gravada de todo o disco. Justamente por causa da expectativa em torno dela, do que representava e do peso que carregava.

Foram incontáveis tentativas frustradas de se encontrar a melhor forma para a música. Mais ou menos pesada. Mais ou menos furiosa. Mais ou menos suja. Cogitou-se até uma versão debochada, que terminava com fiu-fius, urrús e palmas, fazendo uma referência direta a *Whisky a go-go*, sucesso gigantesco do Roupa Nova. Negrete era o mais entusiasmado com essa possibilidade. "Vai ter festinha no final?", ele perguntava, esfregando as mãos, com empolgação quase infantil.

O prazo para terminar o disco estava acabando. As gravações que ainda faltavam – basicamente, os vocais definitivos, mais *Por enquanto* e *Geração Coca-Cola* – haviam sido transferidas para o estúdio 2, o menor de todos. Era agora ou nunca.

Até que um espírito pareceu baixar em todo mundo e tudo começou a se encaixar. Naturalmente, organicamente, a música foi achando sua forma final.

A base nasceu, com Dado encontrando o timbre ideal da guitarra, Negrete engatando sua levada e Bonfá dobrando as viradas de bateria, que ficaram marcantes (depois de semanas, talvez meses, se recusando a fazê-las).

Renato – o Trovador Solitário – se enfurnou numa parte isolada do estúdio, uma cabine pequena, quase um armário, para acrescentar o antes tão amaldiçoado violão. De bom grado e com tesão. Para, ato contínuo, sair dali, ir para o salão "vivo" e gravar as vozes definitivas, aquelas que hoje estão no disco. Duas vozes distintas, harmonizando, dialogando, se provocando, tudo de primeira, uma vez e valeu!

Enquanto aquela mágica acontecia diante de meus olhos e ouvidos, com Renato dançando ao microfone, mandando para a fita master alguns dos melhores vocais de toda a história do rock brasileiro, virei de boca aberta para Fernanda e não me contive: "Ele é foda!". Ela apenas riu e assentiu com a cabeça. Conhecia bem a fera.

Pronta, dançável e viva, *Geração Coca-Cola* configurou, de certa forma, o som imaginado por Jorge Davidson lá atrás, embora tendo parentesco zero com Bob Seger, exceto o uso do violão. Na verdade, a canção ganhou um certo toque beatle por causa do instrumento e, com o arranjo final, embrulhou a Legião para apresentá-la às massas, sempre sanguínea, mas agora pop também, não apenas para agradar à sua base existente de fãs – versão recebida de braços abertos. Eles já conheciam a música desde quando tinha Dado cantando "ôôô", elemento que acabou ficando de fora.

DADO: *É uma música do Aborto Elétrico, lá de 1978, 1979. E era assim* (cantarola a guitarra ritmo). *Hoje em dia a gente toca ao vivo como era a versão do Aborto Elétrico. O fraseado-teminha de guitarra que abre a música não existia na versão do Aborto Elétrico. Quem tocava a guitarra era Renato. O Flávio* (Lemos) *tocava o baixo.*

FERNANDA: *Só Renato assina a composição da música. Acho que ele sabia que seria o hit dele e não ia dividir a autoria, já era só dele* (risos).

Legião Urbana
(62.519.786) 1 - O REGGAE
(Renato Russo/Marcelo Bonfá) 3:32 Ed. Tapajós
ESTEREO / LUXO
℗ 1984 - EMI-ODEON - BRASIL
31C 064 422944 B
(62.519.760) 2 - BAADER-MEINHOF BLUES
(Dado Villa-Lobos/Renato Russo/Marcelo Bonfá) 3:10 Ed. Tapajós
(62.519.832) 3 - SOLDADOS
(Renato Russo/Marcelo Bonfá) 4:50 Ed. Tapajós
(62.519.840) 4 - TEOREMA
(Dado Villa-Lobos/Renato Russo/Marcelo Bonfá) 3:04 Ed. Tapajós
(62.519.816) 5 - POR ENQUANTO
(Renato Russo) 3:15 Ed. Tapajós
EMI
TODOS OS DIREITOS DO PRODUTOR FONOGRÁFICO E DO PROPRIETÁRIO DA OBRA GRAVADA SÃO RESERVADOS A REPRODUÇÃO, A LOCAÇÃO, EXECUÇÃO PÚBLICA E RADIOTELEDIFUSÃO DESTE DISCO ESTÃO PROIBIDAS • FABRICADO E DISTRIBUIDO POR FONOBRAS, DISTRIBUIDORA FONOGRAFICA BRASILEIRA LTDA. ESTRADA DO GABINAL, 1521, RJ. CGC 29.010.519/0001-32.

1 - O REGGAE

Ficou um reggae meio marcial. Na mixagem, o bumbo da bateria eletrônica recebeu um eco afanado de Prince e, curiosamente, adicionamos uma espécie de *steel drums* caribenho, tocado no sintetizador, que tinha mais a ver com calipso (!), mas acabou entrando, sabe-se lá como ou por quê.

E os efeitos de eco na bateria nem sempre deram certo, mas, no final, funcionou bem com o conjunto.

DADO: *Outra música que a gente fez para o show da ABO. Esse festival durou o mês de março inteiro, de sexta a domingo. E a cada semana a gente tinha uma música nova para tocar. Nosso show era bem curto. Legião, Capital Inicial e Plebe Rude se revezavam ali. E aí a gente pensou: "Vamos fazer um reggae". Tinha o lance do Clash, que havia gravado* Guns of Brixton, *e Bob Marley. A gente ouvia muito e fizemos um reggae duro* (reproduz o baixo e a guitarra, se acabando de rir). *Ficou engraçado, mas é uma música linda, que fala da escola, das crianças, dos estudos e tal.*

Nesse momento, a gente teve também que tirar carteira de músico profissional. Renato marcou tudo. E tinha uma prova escrita, para analisar uma partitura. Eu, então, falei "ih, fodeu". "Qual o intervalo do compasso 4? Qual o tom da música?". Hoje em dia eu saberia dizer tudo. Mas ali, com 17, 18 anos, eu pulei várias questões. A música era em dó. E era, sei lá, o Prelúdio, do Bach. E aí chegava a prova prática:

"Então, toca um rock". A gente tocava Geração Coca-Cola. *Ah, a gente toca reggae também, aí tocava* O reggae. *Ah, e a gente toca funk também. E tocava* A dança. *Aí, beleza. Renato conseguiu a carteira profissional, azulzinha. E eu e Bonfá ficamos com a amarelinha, de músico estagiário. Mas que já valia também para poder tocar.*

AMARO: *Mais uma de bateria eletrônica. Eu me lembro de ter botado muito efeito, essas coisas que eu usava... Quando a música era muito arrumada, eu dava um jeito de desarrumar um pouquinho para não perder a unidade do todo. Desde o momento em que falou "bateria eletrônica", pronto – a minha pérola, que era o Bonfá, eu perdi. Porque ele sujava a música para mim. Então, eu tinha que sujar para o disco ter uma unidade também.*

2 - BAADER-MEINHOF BLUES

Outra que começa impulsionada por violão, o que mostra, mais uma vez, o quanto mudou no decorrer da gravação do disco a relação do grupo com o instrumento.

E aqui, principalmente, deveria ter sido desrespeitada a exigência de Renato, de que não queria uma gota sequer de eco em sua voz. Um bom *reverb* e um eco bem dosado teriam caído muito bem nas vocalizações que ele faz nessa faixa, os "ôôôs".

O final – Renato sozinho, no violão de cordas de aço – transporta a música para um outro lugar, vira meio que um repente, e, na montagem da sequência final das faixas no LP, isso funcionou como um trampolim perfeito para a abertura da música seguinte, *Soldados.*

FERNANDA: *Não me lembro exatamente da gravação, mas lembro que Dado tinha ficado muito feliz com o resultado, que ele achou incrível. Acho que ele tinha algum envolvimento cultural, emocional com o Baader-Meinhof* (organização guerrilheira, fundada em 1970 na Alemanha Ocidental).

DADO: *Clássica! A guitarra ia fazendo um contraponto harmônico e melódico com o baixo* (cantarola o fraseado da guitarra). *Era uma coisa estilo Steve Levine* (cantarola o baixo e a guitarra da música *Public image*: "Hello, hello!"). *A guitarra tem essa onda aí. E a música foi indo. Ela tem a parte B, que muda, que é superfoda também. Vai pro si e pro lá: "A violência é tão fascinante e nossas vidas são tão normais". Ontem mataram não sei quantos, queimaram… e a gente normaliza tudo isso? Digo que a música ainda é extremamente atual. "Já estou cheio de me sentir vazio. Meu corpo é quente, estou sentindo frio". É Baader-Meinhof, né?*

Para mim tem uma parada que, quando moleque, eu tinha uns 12 anos de idade, morava em Paris, em 1976, 1977, e fiz uma excursão que saiu de Paris e foi para Colônia, na Alemanha, de busão. Lembro perfeitamente que em todo estabelecimento comercial tinha um cartaz da Baader-Meinhof gang. Com o retrato de cada um deles. Uns 20, 30 malucos. E uma cruz vermelha nos que já tinham sido capturados ou mortos. Então, quando Renato veio com Baader-Meinhof blues, *na hora eu falei: "O que é isso? Maravilha!". Tinha tudo a ver comigo. Lembro que nosso engenheiro de som, o Amaro, era engenheiro da Nana Caymmi. Ele fazia discos de samba, MPB. E caiu lá dentro. Era um cara autodidata, como todos ali, que tirava um som. Foi maravilhoso. Quando estava terminando a gravação do disco, perguntei a ele: "E aí, Amaro, qual música você mais gostou, qual é sua preferida?". E ele:* "Baader-Meinhof blues".

AMARO: *É a melhor música do disco. Tem uma coisa harmônica bacana, lembra muito folk. Tem essa pegada, mas não perdeu o* punch, *a porrada. Eu me lembro até de um produtor meu dançando essa música no estúdio. Ali eu vi que acertei a mixagem* (risos).

3 - SOLDADOS

Lá pelas tantas, surgiu a ideia de se adicionar um piano à música, originalmente só guitarra, baixo e bateria. Renato tocou. E o piano deu à música um tom U2 (como também aconteceria com *Ainda é cedo*). A guitarra de Dado já tinha um tantão de The Edge, mas também acrescentou uma dramaticidade ainda maior.

Outro detalhe interessante é a forma como a voz de Renato foi captada. Embora não haja eco ou *reverb*, sobressai com clareza a ambiência do microfone PZM, o que dá uma característica toda própria e única ao tratamento da voz dele.

E há um pouquinho de bateria Simmons misturada à bateria tradicional, criando uma mescla bem interessante com percussão eletrônica.

Paula Toller e Herbert Vianna foram visitar a Legião no estúdio numa noite quando estava sendo gravada *Soldados*. Enquanto ouviam a fita da música, vinda daquelas caixas de som enormes, surgiu a impressão de que ela desacelerava no meio. É uma sensação que perdura até hoje, porque foi aquela versão que ficou no disco.

DADO: *Ah, cara, essa música é super pica, especial. Também tem uma guitarra tipo Steve Levine ali...* clein! *Enfim, nada em questão, mas eu não ganhei o crédito na composição. O Renato ficou puto porque* (tenta lembrar) *eu acho que viajei de Brasília para São Paulo pra encontrar Fernanda, e nisso Bonfá e ele fizeram a levada de bateria e baixo da abertura da música* (cantarola). *Fazer o quê?. A música era isso e o fraseado que viria a ser do piano no disco* (cantarola novamente). *Mas aí cheguei e botei a guitarra* (reproduz a guitarra gemendo, toda distorcida).

É emocionante tocar essa música. E no final, com os acordes da guitarra pesada... Ela explode num grau!

A gente gravou no estúdio grandão, que tinha o piano Steinway. Eu me lembro do Renato gravando. É uma música que fala da amizade entre dois caras na guerra, meio em cima daquele filme Gallipoli, *com aqueles dois garotos da Primeira Guerra Mundial.*

(Lembro a Dado que Renato dizia que era uma música de temática gay, mas que eu não enxergava isso na época). *Eu também não, mas "nossas meninas estão longe daqui, não temos com quem chorar nem para onde ir". Beleza, então é tu! Mas a condição é essa: tomar tiro, dar tiro. Eu não via assim, "ah, é uma relação homossexual no front de uma batalha sangrenta". Mas, com certeza, isso estava no coração e na cabeça do Renato.*

AMARO: *É uma música de muitos tambores. E a gente teve um carinho com isso, usando o PZM sempre. Dando um trato na agressividade da bateria.*

FERNANDA: *Outra favorita de Dado. O Fê* (Lemos, do Capital Inicial) *tocou bateria nessa música?* (lembro a ela que só a Legião tocou no disco) *Não sei se tem alguma coisa de alguém ter dito ao Bonfá que parecia uma bateria do Fê, por causa de* (cantarola) *"toda plataforma"... qual é mesmo essa música?* (*Música urbana*, do Capital). *Lembro alguma coisa de ter um comentário de uma bateria pesada, que era meio Fê. O que não é ruim, porque o Fê é um puta baterista. Tinha a ver com o som da bateria ter ficado bom.*

4 - TEOREMA

Todo mundo tocando junto, "1, 2, 3, vai!". É a música que traz o Bonfá em um de seus melhores desempenhos em todo o disco, preciso, interligado com o baixo do Negrete, se enroscando com os riffs de Dado.

Novamente, Renato dobrou a voz de uma só tacada (aquilo tudo já estava na cabeça dele, organizadinho), criando uma harmonização perfeita, irretocável, bem rock and roll, furiosa, rugida, até chegar a um final apoteótico, em que parece faltar o fôlego.

DADO: *Pô, é demais essa música! É dessas que a gente fez lá em Brasília. Realmente me orgulho de estar ali com aqueles malucos fazendo todas essas aí, como foi incrível! Lembro que estava tocando aquele riff do começo – clang, clang, clang –, quando então entra o verso "não vá embora, fique um pouco mais, ninguém sabe fazer o que você me faz". Uma despedida, tipo* Sgt. Pepper's*: "Parece energia, mas é só distorção, ninguém sabe onde termina". Era um lance muito visceral da época, da gente jovem mesmo, pensando, falando e tocando aquilo, a vida que a gente estava levando.*

AMARO: *É outra música de que gosto muito. É linear, usei também alguns efeitos. Arrumei uma porrinhola lá em que eu mexia basicamente no ritmo. O Dado tinha os efeitos dele e, para a bateria não ficar seca demais, de vez em quando, eu jogava uma coisinha para poder dar aquela arrumada.*

Lembro que o primeiro aparelho que eu tirei do estúdio foi o (limitador de ruídos) *Kepex, porque limpava o som da bateria. Caixa soava como caixa, bumbo como bumbo. Naquela época, já tinha muita gente fazendo isso, enquanto eu fugia dessa parafernália. Mas foi uma coisa muito simples.*

5 - POR ENQUANTO

É o grande divisor de águas para a Legião na gravação do primeiro disco e naquele momento de sua carreira. É uma música que faz ponte com Joy Division, o que seria óbvio, mas também escancara o lado Brian Wilson de Renato, de visionário musical capaz de sacar da manga mundos musicais completos, arranjos elaborados já prontos – e evidencia também seu romantismo.

A música é toda com sintetizador, bateria Linn e a voz de Renato. E só. Mais uma vez, chupamos de Prince o bumbo com eco.

Renato não gostou da mixagem final. Amaro e eu duplicamos o tempo da introdução e enfatizamos a bateria, quando, para Renato, a levada dos teclados é que deveria servir de leme da música. Ele estava certo.

DADO: *Ela é toda só teclado e bateria eletrônica. Nas comemorações dos 30 anos do disco, a gente remasterizou essa música. Eu tive acesso aos originais. Então, eu abri a sessão de gravação de* Por enquanto. *São cinco, seis teclados. O baixo, o da cama, e ali em cima, sobreposto, quatro temas de teclado. E o ritmo eletrônico, feito na LinnDrum. É muito lindo.*

Para mim, foi uma surpresa incrível. Porque eu não sei o que eu pensei ali na hora, mas essa música não tem nada a ver – contextualmente, sonoramente – com o que veio antes, no restante do disco. Mas, ao mesmo tempo, aponta um outro caminho, tão melódico, melancólico e, ao mesmo tempo, tão pra cima. "Estamos indo de volta pra casa" (cantarola o tema musical final). *É poético. Arrepia no final. E fechou o disco com chave de ouro.*

BONFÁ: *Eu estava com Renato gravando essa música no estúdio, por volta das duas horas da manhã. Estávamos só eu, ele e o técnico de som. Eu no tecladinho, fazendo algumas coisas. Eu fazia e ele pegava uma ideia.*

Por enquanto *tem coisas minhas ali. Renato adorava as minhas ideias melancólicas, aqueles teclados. Porque eu tenho essa veia meio The Cure. Era uma influência da gente naquela época. Renato adorava esses* synths *meio de violino. É uma textura harmônica que, na minha cabeça, forma milhões de melodias com apenas um acorde, porque fica passeando.*

Era o que faltava para fechar o disco, uma coisa assim. E a Legião, naquele momento, já tinha passado por... ó (estala os dedos repetidas vezes para denotar muita coisa e muito tempo passado). *Já tinha sido eu e ele. Já tinha sido eu, ele e o Ico* (Ouro-Preto). *Já tinha sido eu, ele e o* (Eduardo) *Paraná* (guitarrista que viria a ser substituído por Ico). *Já tinha sido eu, ele, o Paraná e um tecladista* (Paulo Paulista). *A gente gravou uma demo, a gente tocou não sei onde... Naquele momento, eu e ele já tínhamos quatro anos de banda.*

FERNANDA: *Renato gravou sozinho no estúdio, de madrugada, não tinha ninguém. Ele fez e falou: "Essa música está pronta, não tem o que mexer, não tem nada a mais para colocar, nem bateria, nem guitarra". Falou, tá falado. E acho que ficou por isso mesmo, ninguém falou nada. Aí era a música de fechamento do disco, "mudaram as estações, estamos voltando para casa".*

O quarteto na casa de Mauricio Valladares: dessa sessão de fotos saiu a que estampa a capa do disco de estreia

ENFIM, O LANÇAMENTO

LEGIÃO DÁ AS CARAS NA RESSACA DO ROCK IN RIO

Originalmente planejado para chegar às lojas em novembro de 1984, o disco de estreia da Legião Urbana sairia somente em 15 de fevereiro de 1985, menos de um mês depois do encerramento do primeiro Rock in Rio. Coincidência?

"O Rock in Rio pode ter influenciado também, mas tinha uma estratégia na gravadora de não lançar artista novo no fim do ano", explica Mayrton Bahia. "Era o momento dos grandes lançamentos. As lojas se empanturravam de Roberto Carlos, Milton Nascimento... Os grandes discos ficavam reservados para as vendas de Natal. Se fosse lançar artista novo ali, você estava afogado. Não tinha espaço em rádio, em mídia. Seria competir com os grandes. E os lojistas prefeririam comprar das gravadoras os discos que dariam retorno imediato. Por isso, botávamos lançamento de artistas novos para o começo do ano. Dava mais tempo de trabalhar, até porque as rádios estavam um pouco mais aliviadas".

Passado o Rock in Rio, o cenário no Brasil, naquele fevereiro de 1985, era de euforia e festa. Recém-chegado de uma viagem a

Washington, para um encontro com Ronald Reagan na Casa Branca, Tancredo Neves era o primeiro presidente civil eleito em mais de 20 anos, que tomaria posse dentro de um mês. E o Brasil dava partida no carnaval. Jornais, TVs e revistas se dedicavam a bailes, blocos, bandas, desfiles de escolas de samba.

Ainda assim, mesmo em meio aos eflúvios momescos, a imprensa musical não demorou a abraçar o álbum – e a Legião. A começar pelas matérias publicadas no berço do grupo, sua cidade-base.

Depois de ter passado um mês ouvindo o disco, uma semana antes de seu lançamento, Celso Araújo relatou para o *Correio Braziliense* que seria "bobagem pensar que os punks elegantes, punks delicados e enraivecidos tivessem sido 'efeemizados' pelos estúdios da gravadora. Melhor dispensar o cérebro... a árvore genealógica... os clichês incrustados no ouvido. O som da 'rapeize' da Legião é absolutamente diferente e tem algo a mais que o som dos Titãs, dos Abóboras, da Blitz ou de qualquer outro conjunto em voga nas paradas de sucesso".

Roberto Muggiati, da revista *Manchete*, enxergou ali "o blues de Brasília", apresentado por "um grupo coeso, tecnicamente bem transado".

No *Jornal do Brasil*, Jamari França destacou as letras "pessoais e políticas" de Renato Russo e anotou que a estética punk associada ao grupo havia sido "polida, com inspiração nas bandas pós-punk inglesas" para gerar "um disco sem qualquer solução sonora fácil", com "baixo e bateria sempre na frente, segurando a base, e um trabalho de guitarra que é um dos mais criativos em rock nacional, colorindo as músicas com intervenções contidas, muitas vezes com efeitos". Na visão de Jamari, o disco dava "novos direcionamentos ao Rock Brasil", e se somava a uma lista de álbuns que esboçavam "rumos" e representavam "um avanço na busca de uma forma brasileira de fazer rock".

A resenha de José Augusto Lemos para a *Folha de S. Paulo* – na qual juntou considerações sobre o primeiro disco da banda de Brasília e também sobre *Ao vivo no Mosh*, da paulistana Smack – sublinhou "sangue e soda cáustica em doses mais que suficientes para lavar o pop nativo de seu bom-mocismo, seu laquê, seu bronzeado", cutucando a supremacia dos sons vindos do Rio de Janeiro. "O Legião joga limpo, enquadra tudo à luz do sol do meio-dia, tem a cara dura de cantar 'somos os filhos da revolução... somos burgueses sem religião' *(Geração Coca-Cola)*". Lemos também destacou a voz de Renato Russo ("até que enfim, um cantor – de letras, raro, raríssimo") e ressaltou que "a obra-prima *Ainda é cedo* psicografa um casal com tal lirismo anticomplacente que poderia ser cantada por Roberto Carlos e ainda lascar o coração".

Demorou poucos meses para que a popularidade da banda crescesse em progressão geométrica.

Em agosto, *Será*, que ganhara videoclipe gravado na Rose Bom Bom, badalada casa noturna de São Paulo, já era a música mais pedida pelos ouvintes da Rádio Cidade do Rio de Janeiro, a líder das emissoras FM. Em setembro, o *Cassino do Chacrinha*, exibido pela Rede

Globo, entregava à Legião Urbana o disco de ouro no programa que reuniu os "Melhores da Música" naquele mês, junto com Nelson Ned, Moraes Moreira, Wando, Zé Ramalho, Roupa Nova, A Turma do Balão Mágico e outros.

Não havia caminho de volta: aquela banda punk de Brasília havia se tornado uma das maiores atrações pop do país.

DADO VILLA-LOBOS
guitarras, violão, efeitos

RENATO ROCHA
contrabaixo elétrico

MARCELO BONFÁ
bateria, percussão, glockenspiel

RENATO RUSSO
vocal, teclados, violão, letras

Ficha técnica do disco

Produtor fonográfico:
EMI-Odeon Fonográfica,
Industrial e Eletrônica LTDA

Direção artística:
Jorge Davidson

Direção de produção:
Mayrton Bahia

Produção executiva:
José Emilio Rondeau

Técnicos de gravação:
Amaro Moço e Toninho

Técnicos de mixagem:
Amaro Moço e Renato Luiz (faixa 1A)

Auxiliares de estúdio:
Rob e Geraldo

Corte:
Osmar Furtado

OBS.: "Por enquanto"
editada por Renato Luiz

Capa:
Ricardo Leite

Fotos:
Mauricio Valladares

Arte do encarte:
Renato Russo

Desenhos:
Marcelo Bonfá

Management:
Fernanda P. Castro

Thanks:
Ana Maria Bahiana
Paralamas
Leninha
Juçá
A turma da Colina
+ todo mundo da EMI-Odeon

AGRADECIMENTOS

A Renato Russo, Dado Villa-Lobos, Marcelo Bonfá, Renato Rocha, Fernanda Villa-Lobos, Jorge Davidson, Mayrton Bahia e Amaro Moço.

A Tom Leão, por ter sido o portador da fita que mudou o rumo da prosa.

A Sérgio Ruiz Luz, por ter provocado a faísca.

A Bruno Thys e a Luiz André Alzer, por acreditarem e terem mantido o fogo aceso.

A Mauricio Valladares, pelos cliques durante a gravação e por eternizar meses que, ainda não sabíamos, seriam históricos.

Dado, Negrete, Renato e Bonfá num intervalo da sessão de fotos de divulgação, feitas no Jardim Botânico, no Rio de Janeiro

RENATO RUSSO morreu em
11 de outubro de 1996, aos 36 anos.

RENATO ROCHA, o Negrete, saiu da Legião Urbana em 1989, pouco antes da gravação do álbum *As quatro estações*. Ele morreu em 22 de fevereiro de 2015, aos 53 anos.

Depois do primeiro disco, a Legião Urbana gravou mais seis álbuns de estúdio. Lançou outro, derradeiro, em 1997, depois da morte de Renato Russo.

Entre álbuns de estúdio, coletâneas e registros ao vivo, a Legião vendeu mais de 20 milhões de discos.

Desde 2015, DADO VILLA-LOBOS e MARCELO BONFÁ fazem shows pelo Brasil em homenagem à Legião e à sua obra.

Este livro utilizou as fontes Charter e Futura.
A primeira edição foi impressa em papel Polén
Bold 90g na gráfica Rotaplan, em maio de 2025,
40 anos depois do disco de estreia da Legião Urbana.